포스트 코로나 사회

포스트 코로나 사회

팬데믹의 경험과 달라진 세계

김수련
김동은
박철현
김민아
심민영
김창엽
우석균
백소영
조한진희
강성운
정석찬
박한선

글항아리

우리에게 코로나19는 무엇인가

이탈리아가 코로나19를 타자화한 것이 유행 초기에 방역에 실패한 한 가지 원인이라는 주장이 있다(Meinhof, 2020). 중국에서 감염자가 급증하고 이웃 아시아 국가로 번져나갈 때도 강 건너 불 보듯 남의 문제로 생각했다는 것이다. 지금 와서 이들을 탓하지만, 거리도 멀거니와 아마도 '후진국'으로 생각했을 중국에서 발생한 감염병 유행을 '내' 문제로 생각한 유럽 사람은 많지 않았으리라.

　유럽 국가들이 코로나19 유행을 타자화한 데는 공간뿐 아니라 시간적 거리도 작용했을 것이다. 세계적 범유행, 팬데믹의 대명사로 악명 높은 스페인독감이 세계를 휩쓴 때가 장장 한 세기 전이 아닌가.[●] 아무리 같은 땅에서 있었던 일이라도 그 정도 시간이면, 기억하는 사람이 한 명도 없으면, 그것을 지금 나와 우리의 문제로 받아들이기는 쉽지 않다.

지리적으로 중국과 가까울 뿐 아니라 최근에 중증급성호흡기증후군(사스)SARS과 중동호흡기증후군(메르스)MERS을 겪은 한국은 좀 다를까? 지리와 문화 때문에라도 이탈리아나 미국과 같은 타자화야 없었겠지만, 처음부터 코로나19를 '나'와 '우리' 문제로 받아들였는지는 잘 모르겠다. 결과적으로 코로나19가 전국으로 퍼진 정도, 그리고 이에 따른 영향은 사스나 신종인플루엔자 AH1N1, 메르스 등 국지적 감염에 견줄 일이 아니었지만, '사건' 초기 우리는 끊임없이 중국과 메르스를 호출했다.

사실 한국에서 대규모 감염병 유행의 역사는 더 단절적이다. 그 유명한 스페인독감은 단지 몇 가지 기록으로만 존재할 뿐, 그 무엇도 삶과 생활의 영역에 들어오지 못한 것으로 보인다. 신종인플루엔자 A나 메르스처럼 비교적 최근에 발생한 감염도 주로 의학이나 자연과학 영역의 관심으로만 남았다. 말하자면 감염병이란 그저 교양과학의 역사로 호출되기 십상이라는 점에서 코로나19 유행 초기 우리의 인식이 유럽 사람들의 타자화와 얼마나 달랐을까 싶은 것이다.

• '스페인독감'은 감염병 이름에 지역을 명시한 것만으로도 적절하지 않다. 과거 기준으로 이해한다 하더라도, 유행이 시작된 곳마저 스페인이 아닌 미국 캔자스주라는 것이 정설이다. '1918년 인플루엔자 범유행'이 올바른 이름이지만, 이 책에서는 지금 많은 사람이 알고 부르는 대로 스페인독감이라 적는다.

규모와 영향만으로 보면 스페인독감은 그리 묻힐 일이 아니었다. 당시 세브란스병원 의학교에 근무하던 프랭크 윌리엄 스코필드 박사가 쓴 논문에 근거하면 인구의 25~50퍼센트가 감염될 정도로 유행 규모가 컸다. 천명선과 양일석(2007)이 펴낸 논문에는 다음과 같은 스코필드 박사의 글이 보인다.

일본 당국으로부터 정보를 받은 바가 없어, 현재 정확한 환자와 사망자의 수를 파악하는 것은 불가능하다. 인구의 4분의 1에서 2분의 1이 감염되었을 것이다. 교사와 학생 들에게서 높은 발생률을 보여 대부분의 학교가 문을 닫았다.•

2020년 5월 현재 1만1000명 남짓의 확진자로도 이 정도인데, 당시의 온갖 사회적 영향은 오죽했으랴. 하지만 스페인독감에 관해서는 기초 기록조차 많지 않다고 하니 시간을 건너뛰어 그 경험과 생각이 우리 몸과 마음으로 이어지는 것 같지는 않다. 분명 단절이 있다. 이렇게 된 사정을 짐작하지 못하는 것은 아니나, 현재를 좀더 풍부하고 정확하게 이해하는 데 바탕이 될 그 축적이 충분치 못한 것은 못내 아쉽다.

• 천명선·양일석, 「1918년 한국 내 인플루엔자 유행의 양상과 연구 현황: 스코필드 박사의 논문을 중심으로」, 『의사학』 제16권 제2호, 2007, 180쪽.

우리는 코로나19 유행을 통해 체제 수준의 감염병을 처음으로 경험하는지도 모른다. 그 지속의 시간은 타자로서의 감염병을 우리 자신의 것으로 받아들이는 과정이 아닐까 싶다. 즉, 역사적 과정. 이 과정을 이해하고 체화하며 축적하지 못하면 훗날에도, 그때 다른 신종 감염병이 유행해도 타자화를 극복하기는 어렵지 않을까? 그래서 코로나19 유행과 그 경험을 기억하고 해석하는 일은 집단적 체화다. 그 의미를 찾고 성찰하는 작업을 통해 서사를 구성하며 또한 전승하는 것이다.

첨언. 유행이 채 끝나지도 않았는데 이건 이렇고 저건 저렇다, 또는 이건 알고 이건 모른다고 말하기가 조심스럽다. 쓸모 있는 지식이 되려면 조금 더 기다려야 하고 더 많은 공부가 필요할 것이다. 다만, 이 글이 머리글에 해당되는 만큼 조금 거리를 두고 전체에 대한 긴장을 유지할 수 있도록 몇 가지 문제의식을 적는다.

사회적인 것으로서의 감염병

감염병에 생물학적인 요소가 없거나 그것이 중요하지 않다는 뜻이 아니다. 코로나19를 비롯한 모든 인간 감염병(또는 모든 질병)에는 '생물학적인 것the biological'과 '사회적인 것the social'이 중첩되며,

이 두 가지 특성은 분해(환원)될 수 없다. 예를 들어, 유행은 생물학적인 것, 예방 방법이나 결과는 사회적인 것—이런 식의 이분법은 성립하지 않는다. 우리가 보고 경험하는 감염병을 둘러싼 사건은 생물학적인 것과 사회적인 것이 '발현'한 종합이며 총체물이다.

대부분 생물학적인 것으로 이해되는 감염병 전파와 유행도 사회적인 것과의 상호작용이거나 두 가지 속성의 통합물이라 해야 한다. 대표적 예로, 감염병 유행과 확산 정도를 결정하는 세 가지 요소는 감염자의 접촉률, 전파 확률, 감염 기간이다. 전문가들은 이를 계량화해서 R_0(기초감염재생산수)라고 하는데, 그 값이 1이면 감염자 한 사람이 한 사람을 감염시킨다는 뜻이다. 이때 유행은 더 퍼지지도 줄지도 않은 채 그대로 유지된다. 감염병 확산 여부에 결정적으로 중요한 이 세 가지 요소에는 생물학적인 것과 사회적인 것이 통합되어 있어, 각각으로 떼어낼 수 없다. '접촉률'은 한 사람의 감염자가 얼마나 많은 사람을 만났는지를 나타내는 지표로, 이는 거의 전적으로 사회적인 것이다. 전파 확률은 세균이나 바이러스의 특성이기도 하지만, 사람 사이의 거리가 얼마나 가까운지, 대화를 했는지 안 했는지, 마스크를 썼는지 안 썼는지 등 인간 행동과 밀접한 관련이 있다. 결론적으로 개인 행동을 비롯한 사회적인 것을 빼고는 감염병의 유행과 확산을 말하기 어렵다.

유행과 비교하여 유행에 대한 대응은 사회적인 것으로서의 특성이 더 강하다. 코로나19의 지역사회 유행을 예방하는 유력한 한 가지 방법, 예를 들어 사회적 거리두기는 말 그대로 사회적인 것이지만, 검역과 감염자 확인, 격리, 치료 등 바이러스에 대응하는 개인·지역사회·국가 수준의 전 과정은 행동, 심리, 정치, 경제, 문화 등 여러 사회적 요인의 영향을 피하기 어렵다. 나아가 때로는 영향 정도를 넘어 전파와 유행의 '결정요인determinant'이 되기도 한다.

　감염병 유행과 대응의 결과, 예컨대 경제적 영향이 사회적인 것이라는 점도 더 말할 필요가 없다. 지금 경험하는 집단적 현상, 즉 사업장 폐쇄와 단축 조업, 생산과 소비 위축, 자영업과 중소기업이 입는 타격, 대규모 실직, 소득 감소 등의 사회적 성격은 자명하다. 한 가지 강조할 것은 이 영향이 감염병 대응과 무관하지 않다는 점이다. 일자리나 소득을 보장해야 사회적 거리두기를 철저하게 실천할 수 있다면, 이는 곧 경제적·사회적 영향이 방역 과정 또는 기술과 분리되지 않음을 뜻한다. 직선적 과정이 아니라 순환하며 되먹임(피드백)하는 것이다.

코로나19 유행 전부터 알던 것

코로나19 유행은 예기치 못한 사건인가? 그렇지 않다. 신종 감염병이 점점 더 늘어나고 언제 어떤 형태로 와도 놀랍지 않다는 점은 전부터 상식에 가까웠다. 앞으로 닥칠 신종 감염병도 마찬가지다. 감염병 전문가인 천병철은 2015년에 이렇게 썼다.

> 신종 감염병은 기존에 없던 새로운 감염병으로 대부분 동물숙주에서 기원한 인수공통감염병들이다. 위에서 열거한 다양한 요인들로 인해서 신종 감염병은 현대화가 진행되더라도 그 출현 기회나 영향이 감소하지 않는다. 오히려 인간이 만드는 다양한 사회적, 자연적 환경의 변화는 신종 감염병의 출현을 더 촉진하고, 유행을 쉽게 만드는 경향이 있다. 신종 감염병은 어느 특정 시기만의 문제라기보다는 생태학적으로 인류가 병원체들과 같이 살아가면서 지속적으로 맞닥뜨리는 문제이다. 또한 언제 어디에서 새로운 신종 감염병이 나올지 알 수 없기 때문에 신종 감염병의 문제는 당장 대비책을 서둘러야 하는 당면한 보건문제이다.•

정책과 제도, 기술적 대비는 절반의 성공(실패)으로 요약할 수 있겠으나, 이를 자세하게 설명할 필요는 없을 듯하다. 바이러스니, 검사와 역학조사 방법이니, 병원이 어떻게 대비해야 하느니 하는

• 천병철, 「신종 감염병의 이해와 대비·대응 방안」, 『HIRA 정책동향』 제9권 제5호, 2015, 43쪽.

것은 꽤 많은 준비를 해둔 터였고, 그 덕분에 이만큼이라도 피해를 줄일 수 있었다. 중앙정부 차원에서 누가 상황을 종합적으로 판단하고 결정하며 지휘해야 하는지, 이른바 리더십과 거버넌스 문제도 메르스에서 배운 덕분으로 개선된 상태였다.

꼭 적어야 할 것은 코로나19 유행에서 경험한 일부 지역의 혼란(주민과 시민의 관점으로는 '실패'이며 '고통'이다)을 진작부터 예상했다는 점이다. 앞서 인용한 천병철의 글은 개인 의견이라기보다는 글이 쓰일 당시의 사회적 지식에 가깝다.

> 우리나라가 신종 감염병에 대한 대비가 거의 되어 있지 않았다는 것은 거버넌스의 부재로 더욱 분명해진다. 신종 감염병이 초래한 공중보건 위기 상황에서 어떤 기관이 어떻게 조직되고 역할을 맡아야 하는지 사전에 정해지고 평상시 이에 따른 훈련이 이루어져야 한다. (…) 또 각 기관에 부여된 역할에 따른 훈련이 사전에 제대로 이루어지지 못하고 형식적인 지침상의 도표만 있었던 것이다.•

감염병 유행과 결과가 모든 이들에게 고르지 않다는 사실도 진

• 천병철, 앞의 글, 46쪽.

작 확립되었던 지식이나, 불평등과 차별, 인권 침해에 대한 현실적 이해는 메르스의 경험으로부터 얻은 바가 크다. 전북 어느 마을의 봉쇄, 위험에 노출된 외국인 이주노동자, 의료노동자의 열악한 환경, 비정규 노동의 불평등을 통해 우리는 감염병이 몸을 통해 드러낸 사회경제적 불평등을 실감했다(시민건강연구소, 2016).

그러나 이미 알던 것이 지금 효과적으로 활용되는가는 다른 문제다. 감염병 전파가 사람과 집단을 불평등하게 가린다는 사실을 알았지만, 코로나19 전파는 정신장애인 수용시설, 장기요양시설, 노동 조건이 열악한 콜센터 등 이른바 '취약성'을 파고들었다. 간호와 돌봄노동을 통해 드러났던 극심한 젠더 불평등에 있어서도 나아진 것이 별로 없다.

감염병 유행과 대응의 기술적 측면, 그리고 인권과 정의, 불평등을 현실에서 매개하는 정책과 제도의 개선은 재정, 법률, 행정 구조, 정치 등의 이유로 실현되지 못하는 일이 태반이다. 사태가 정점에 이른 후 시간이 조금만 지나면 사건에 개입하는 행위자의 충실성이 극적으로 약화되는 정치의 윤리 또는 진리(바디우, 2001). 그땐 그랬고, 지금도 그럴 것이다. 돌이켜 생각하면 우리는 윤리 또는 진리의 '무용성'조차 이미 알고 있었는지 모른다.

새로 알게 된 것

코로나19 유행을 통해 개인적으로 크게 깨달은 것 한 가지는 한국이 꽤 '넓다'는 사실이다. 대구와 경북에서 수많은 확진자가 나와 혼란이 극심할 때도 호남 지역은 심리적 불안을 제외하면 거의 다른 나라나 마찬가지였다. 이 넓음은 단지 지리적 의미를 넘어 개별성과 다양성을 피할 수 없다는 뜻이기도 하다. 단적인 예로, 일선 학교의 개학을 둘러싼 논의에서도 지역과 개인의 차이가 컸다. 전교생이 수십 명 수준인 곳이 있는가 하면, 수천 명이 넘는 도시 학교도 있으며, 온라인 교육에 필요한 인터넷과 컴퓨터가 충분한지 여부도 다양성과 불평등을 동시에 드러냈다.

감염병이 지역사회 유행 단계가 되면 이후 전 과정에 지역과 공동체, 개인이 개입하며, 적어도 이론적으로는 한국적 현실로서의 개별성과 다양성이 나타날 수밖에 없다. 감염병 유행 양상이 다를 뿐 아니라 대응과 이후 영향도 크게 다르며 또 달라야 한다는 의미다. 서울에 있는 큰 학교와 비수도권 농촌에 있는 작은 학교는 감염과 유행의 위험, 위험에 대한 대비 방법, 예방의 조건과 능력이 판이하다.

현실은 객관적 요구와 조응하지 않는다. 현실에서 감염병 대응은 전혀 분권적이지 않으며 기본 조건도 갖추지 못한 방식으로 나타난다. 어떤 공동체나 개인 상황에 맞는 '맞춤형'이 된다는 건 턱도 없다. 감염병 유행에 대응하는 '현장'에서의 사회적 실천이 개인과 공동체의 자기결정권과 밀접한 관련이 있다는 것, 따라서 민주주의적 과제라는 사실은 토대로서의 인식과 실천에 미치지 못한다.

분권화와 개별화가 감염병의 특성과 충돌하는 것이 더 큰 도전 인지도 모른다. 유럽 국가들이 이동을 전면 금지하고 도시를 봉쇄 하는 데서도 알 수 있듯이, 국가 차원에서 감염병을 통제하는 데 는 흔히 권위주의적이고 집단주의적인 조치들이 동원된다. 분권화 와 개별화가 불가피한 가운데 공공선을 위해서는 중세 국가에 버 금가는 '질서'가 필요한 상황. 어떻게 이 딜레마를 해결할 수 있을 까? 더 넓고 깊은 민주주의 또는 공화주의가 답이 될 것인가, '민 주적 공공성'은 어떤가. 이것이 이번에 우리가 얻은 가장 중요한 질문이 아닌가 한다.

사회적 거리두기의 '불가능성'을 인식하게 된 것도 빼놓기 어렵 다. 사회적 거리두기를 실천할 수 있는 집단을 위해 또 다른 어떤 집단은 위험을 감수해야 하며 더 많은 노동의 부담을 져야 한다. 불평등은 극단까지 나빠진다. 이런 구조라면 당연히 방역은 불완 전하고 사회는 더 불안하다.

사회적 거리두기와 봉쇄는 '필수essential 노동'이 무엇인지를 확

포스트 코로나 사회

인시켜주는 구실을 했지만, 아울러 사회적 거리두기를 비롯한 '비약물적(사회적)' 방역이 체제의 근간을 흔든다는 사실도 함께 드러냈다. 모든 사회 구성원이 완전히(!) 사회적 거리두기를 실천하면, 그리하여 공장과 직장까지 멈추면, 결국 자본주의 시장경제체제가 무너지는 딜레마, 아니 체제적 모순이 '사회적인 것'의 본질이다.

딜레마와 모순은 경제체제도 넘는다. 사회적 거리두기는 사람 사이의 밀접 접촉을 막자는 의미이지만, 방역기술로서 효과를 산출하려면 실로 '사회체제'로부터 거리를 두어야 한다. 노동과 경제활동은 말할 것도 없고, 교육, 종교, 가족, 젠더, 복지, 보건의료 등 기존 체제 대부분을 바꾸지 않으면 절반의 거리두기를 면치 못한다. 사회적 거리두기를 비롯한 사회적 방역은 결국 체제의 논리와 상충하며, 거리두기가 더 완전할수록 체제는 더 위험하다.

앞서 말한 관심 지역과 팬데믹은 '글로컬리즘glocalism'으로 연결될 수 있을까? 이는 세계화한 사회경제체제에서 팬데믹이 어떻게 다르게 나타나는가 하는 문제다. 감염병이 그 어느 때보다 빠른 속도로 퍼지는 것은 세계화의 당연한 귀결이겠으나, 국민국가들의 대응은 당혹스럽게도 수십 년의 세계화 추세를 단숨에 거슬렀다. 많은 나라에서 효과가 없다는 국가 간 이동 금지를 최우선 예방 방법으로 택했고, 책임 회피와 포퓰리즘에 기댄 인종주의가 유행처럼 번졌다.

이런 상황에서 팬데믹 종식을 위한 협력이나 국제 연대는 말도 꺼내기 어렵다. 이제 유행은 자원이 부족하고 대응 태세가 충분치 않은 저소득국가로 번지는 중이나, 각 나라가 제 앞가림을 한다는 이유로 '국제개발협력'은 한가한 소리로 치부되는 분위기다. 국제기구도 무력하다. 국익을 앞세운 수출과 기술 전수가 '제국주의'로 발전하지 않으면 다행이라고 생각해야 할까.

아직 잘 모르는 것, 그러나 알아야 할 것

우리는, 아니 나는 아직 잘 모른다. 이 시대 한국인이 코로나19의 무엇을 두려워하는지, 그리고 왜 불안해하는지. 아마도 공포와 불안 때문이겠지만, 모든 사람이 그처럼 철저하게 마스크를 쓴 이유도 잘 알지 못한다. '걸리면 나만 손해'라는 생각을 내면화한 신자유주의적 주체성에 연유한 행동인지, 근대적 시민의식의 발로인지, 그도 저도 아닌 권위주의적 정치체제의 문화적 유산인지 명쾌하지 않다. 혹시 삶과 죽음을 둘러싼 우리 시대의 생각과는 아무 관계가 없을까?

구조 또는 거시 수준이라고 해서 나을 것도 없다. 인간을 위협하는 신종 감염병, 그중에서도 인수공통감염병이 늘어나는 데는 인간과 동물의 접촉이 증가한 것도 한 가지 이유가 되었을 것이다. 여기까지는 이미 알고 있는 것. 우리는 좀더 근본적 요인, 즉 원인遠因, distal cause을 찾아야 한다. 이것은 단순히 지적 호기심을 충족하는 차원이 아니라, 현상과 경험의 심층 구조를 이해함으로써 전망과 과제를 명확하게 하고 실천의 원리를 규명하는 데 필요하다.

서아프리카 국가의 에볼라 유행이 산림 파괴 및 경지 개발과 밀접한 연관이 있고, 이는 다시 해당 나라들의 정치경제체제와 연결된다는 점은 이미 알려진 사실이다(Dzingirai, 2017). 메르스, 신종 인플루엔자 A, 지카바이러스 등도 메커니즘이 크게 다르지 않다. 감염병과 유관한 각 나라의 정치경제 '레짐'이 지구적 차원의 자본주의 메커니즘 또는 국제적 분업체계와 연관되며 또한 이에 따라 규정된다는 점도 중요하다.

근본적 구조가 현 단계 자본주의체제로 환원된다는 점에서 신종 감염병은 기후위기와 만난다. 기후위기는 신종 감염병이 빈발하는 데 직접 영향을 미칠 수 있지만, 여기에 어떻게 개입할 것인가 하는 관점에서는 특히 근본 원인으로서 '하나의 심층 구조'에 주목해야 한다. 물론 이 구조를 환원주의적으로 거명하는 것은 무용하며, 구조를 바꾸기 위해서도 구체적인 경로와 메커니즘을 좀더 잘 이해하는 일이 시급하다.

앞서 사회적 거리두기의 불가능성을 지적했지만, 감염병체제와 현존 사회경제체제의 관계는 부조화를 넘어 모순에 가깝다. "코로나로 죽든지, 아니면 굶어 죽든지"라는 불만은 과장이 아니다. 백신이 없고 치료제도 마땅치 않은 상황에서는 개인 예방과 사회적 거리두기가 최선의 방역기술이다. 문제는 이 방역기술을 모두에게 그리고 지속적으로 적용할 수 없다는 점, 그리고 가능성은 서로 다른 개인과 집단 사이에서 명백히 불평등하다는 점이다.

감염병을 생물학적인 사안 위주로 이해하면 약자에게 '좋은' 미래는 막막하다. 효과적인 백신이 개발되어도 누구에게 먼저 차례가 돌아갈까. 치료제가 있다 한들 그걸 부담할 능력이 될까. 그래서 지금 우리에게 더 급하게 필요한 것은 '어떤 변화가 어떻게 가능할까?'라는 질문에 대한 답, 곧 정치적 지식일지도 모른다.

현재진행형 과제이기도 해서 덧붙인다. 많은 사람이 '뉴 노멀'을 말하지만, 그것은 그냥 오거나 저절로 되는 것이 아니라 필시 격렬한 경쟁과 투쟁의 결과물일 터. 호흡기 증상이 있으면서도 아프다고 쉬지 못하는 것은 우리의 노동체제 때문이고, 힘이 약한 노동자(피고용인)는 '포스트 코로나'라는 이름만으로 불평등한 힘의 관계를 뒤집을 수 없다. 그 관계를 전복할 지식과 실천에 대해 우리는 아직 잘 모른다. 특히 구조와 실천 주체 사이의 관계에 대해서는 더구나 더.

책의 머리글을 쓸 기회가 몇 번 있었지만, 이번처럼 큰 부담을 느낀 적은 없었던 것 같다. 여러 현장과 연구실에서 치열하게 대면한 현실, 그곳에서 길어올린 생각의 날카로움, 깊음, 따뜻함이 이 머리글 때문에 흐려지지 않을까 두렵다. 한결같이 현실에 도전하고 우리를 자극하는 모든 글을 꼼꼼하게 읽어주시기를 부탁드린다.

2020년 5월

김창엽

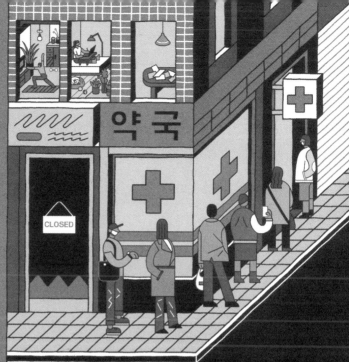

김수련

어떤 하루

눈을 뜬다. 눈 안에 모래가 굴러다니는 듯 거칠다. 해가 져서 이미 방 안이 어둑하다. 삐거덕거리는 몸을 서둘러 일으켜 시간을 확인한다. 오후 8시 20분, 10분 후면 셔틀버스가 호텔을 떠난다. 얼굴에 물을 끼얹는다. 휴대전화와 마스크만 집어 들고, 잘 때 입은 옷 그대로 문을 나선다. 병원으로 가는 셔틀에서는 피곤한 얼굴의 간호사들이 반쯤 감은 눈으로 꾸벅거린다. 먼저 자리 잡고 있던 K 옆에 가 앉는다. "아슬아슬했네? 너 깨우려고 전화할 뻔했어. 피곤하지?" 목소리는 낮고 조금 쉬어 있다. 3주 차가 되면서 모두의 목소리에서 피곤이 묻어난다.

오늘 마주칠 리 없는 얼굴이 눈에 들어온다. 아침에 이미 나이트 근무를 끝내고 오프를 받는다던 M 간호사다. 눈이 마주치자 그가 말한다. "아까 전화 받았어요. 오늘 사람 없다고 출근하래요." 흔한 일이다. 셔틀이 곧 출발하고 차내의 불이 꺼진다. 잠깐의 안식이다.

셔틀이 도착한 주차장부터 병원까지 가는 길은 살이 아리도록 춥다. 종종 걸어가는 간호사들 사이로 바람이 스민다. 어둠이 깔린 병원은 고요하다. 정문을 지키는 안전요원 앞으로 줄을 선다. 체온계를 든 요원은 숫자를 보고, KF94 마스크를 한 개씩 건넨다. 하루에 하나만 지급됩니다, 안전요원이 말한다.

병원 내부로 들어가서 빠르게 옷을 갈아입는다. 보호복을 입으면 안에 입은 옷은 모두 젖거나 오염될 위험이 있어, 면으로 된 스크럽복을 입어야 한다. 한가득 쌓여 있는 옷은 특정 사이즈가 없거나 모자라다. 흘러내리는 바지춤을 붙잡거나, 팔을 올릴 때마다 민망한 웃음을 짓는다. 옷을 갈아입고 소지품은 바구니에 넣는다. 로커룸은 좁고 로커 수도 적어서 간호사들은 바구니에 자기 옷과 물건들을 담는다. 붐비는 로커룸을 빠르게 빠져나온다.

옷을 갈아입은 간호사들이 속속 휴게실 벽면 앞으로 모여든다. 휴게실 안쪽에 붙은 종이에는 병동별 간호사 명단이 붙어 있다.

52병동 선생님들! 누군가 외친다. 같은 병동으로 들어갈 간호사들을 불러 모으기 위해서다. 이 소집 때문에 근무가 시작되기 40분 전부터 휴게실이 소란하다. 양손 한가득 비닐봉지를 싸 들고 휴게실로 들어온 책임간호사*와 눈을 마주친다. 어제 같이 일했던 사람이다. 그가 짐을 내려놓고 손짓한다. 우리는 복도로 나간다. 중환자실은 투입되는 간호사 수가 많기 때문에 넓은 공간으로 나가야 한다.

1중환자실이요! 크게 외친다. 곧 열다섯 명의 간호사가 원을 그리며 둘러선다. 에크모** 보실 수 있는 선생님 계세요? 네 명이 손을 든다. 한 명이 말한다. 그런데 저는 그만둔 지 오래돼서 자신이 좀 없어요. 다른 한 명이 말한다. 저는 병동 출신이에요. 어제 에크모 환자를 보긴 했는데, 저 3번 환자만 볼 수 있을 것 같아요. 우리는 간호사를 다시 분배한다. 나는 2조로 간다.

중환자실 트레이닝을 받은 간호사 수는 항상 모자라다. 코로나19 이전에도 간호사 인력은 늘 부족했고, 업무를 능숙하게 해결할 수 있는 연차의 간호사들은 더더욱 적었다. 중환자실에서 간호사는 터무니없이 짧은 시간 안에 모든 업무를 습득하고, 곧장 중환자를 실수 없이 돌보도록 요구받는다. 환자의 중증도는 높은데 인력은 적고, 할 일은 숨 돌릴 틈 없이 많다. 실수는 사고로 직결되기에 무거운 책임이 어깨를 짓누른다. 수많은 간호사가 매년 중환자실을 떠난다. 코로나19의 빠른 확산으로 지원 요청을 받은 전국의 병원

---

* 한 병동 전체를 총괄하는 간호사. 보통은 경력이 가장 긴 사람이 맡는다.
** 체외 심폐 순환기.

들은 중환자실 경력 간호사들이 부족해 못 보내거나, 한두 명만 보낼 수 있었다. 간호사들은 그렇게 전국에서 마른걸레 쥐어짜듯 그러모아져 이곳으로 투입되었지만, 여전히 턱없이 부족하다. 중환자실 경력이 없는 간호사들도 함께 들어와 일을 해야 한다. 모두가 온 힘을 다해도 매일이 버겁다.

파견과 차출, 복귀가 매일 일어나는 곳에서 인력을 예측해 미리 균형을 맞추기란 불가능하다. 인력과 역량이 제한되자 서로 공백을 메꾸기 위해, 근무 시작 전 간호사들이 직접 그 균형을 맞춘다. 나이트 1조는 오후 9시 반, 미리 챙긴 약과 물품 들을 들고 출발한다. 업무 시작 30분 전이다. 1조 간호사들이 빠져나가자 2조는 간이침대로 들어가거나 의자에 웅크려 쪽잠을 잔다.

잠을 자지 않는 간호사들은 휴게실에 모여든다. 휴게실에는 전산을 확인할 수 있는 컴퓨터가 비치돼 있다. 앞 조 간호사들의 기록을 확인하는 동료가 보인다.

"지금 환자 몇 명이에요?" 내가 묻는다.

"아홉 명이요."

"한 명 줄었네? 이브닝 때 누가 일반 병동으로 갔어요?"

"아니요, 1번 환자 사망했대요. 그 삽관 거부한 환자요."

잠시 할 말을 잃었다. 아연한 표정을 본 간호사가 묻는다.

"선생님 1번 환자 본 적 있으세요?"

"담당은 아니고 대화만 해봤어요."

바로 어제 일이다. 포도당 수액이 모자라 수액 창고에 다녀오는 길이었다. 당분간 모자랄 일이 없도록 넉넉히 넣어둬야 했다. 10킬로그램짜리 상자 두 개를 질질 끌어 옮기던 중 1번 병실의 유리문들 너머로 인퓨전펌프* 알람이 깜박이는 게 보였다. 수액 줄에 공기가 찬 모양이었다. 공기를 위로 올려 빼주지 않으면 수액이 들어가지 않는다. 수액 상자들을 내려놓고, 서둘러 이중 유리문을 열고 인퓨전펌프로 달려갔다. 작동을 확인하고 돌아서는데, "……기요."

보호복이 당겨졌다. 머리 꼭대기가 서늘하게 얼어붙었다. 보호복이 잡아 뜯기거나, 공기를 정화하고 양압으로 유지해주는 전동식호흡보호구PAPR와 머리에 쓴 후드를 연결하는 호스가 뽑히는 사고는 종종 일어난다. 격리실 안에서 기계 소음만 밤낮으로 듣는 환자들에게는 자주 섬망 증세가 온다. 환자들이 불안에 못 이겨 몸부림치다가 간호사들을 잡아당기는 것이다. 병원 전체가 오염 구역이기 때문에, 간호사들은 보호복이 손상되면 즉시 병원 밖으로 나가야 한다. 병원 밖을 나가자마자 보호복과 안에 입은 스크럽복을 벗고 씻어야 한다. 보호구 후드에까지 이상이 생기면 자가

* 수액을 일정 속도로 주입하는 기계.

격리에 들어간다.

격리실에는 나와 환자밖에 없었다. 소리를 쳐도 이중문 밖에까지 전해지리라는 확신이 들지 않았다. 나갔다 오려면 얼마나 걸릴까? 옷을 모두 벗고 샤워를 하고 다시 보호복을 착용하고 돌아오려면? 뛰어서 간다고 해도, 40분? 한 시간? 그동안 내가 보던 세 명의 환자를 다른 간호사가 떠맡아야 한다. 쉬고 있는 B조가 대신 들어와야 하나? 전신에 소름이 쭈뼛 돋았다.

그러나 보호복을 팽팽하게 당기던 힘이 느슨해졌다. 떨리는 목소리가 위잉 울리는 보호구 후드의 소음을 뚫고 전해졌다.

"선생님, 저요."

보호복 소매를 꾹 말아 쥔 환자의 팔은 사정없이 떨리고 있었다. 며칠째 숨을 들이쉬고 내쉬는 데 온몸의 근육을 혹사한 결과다.

"저 죽어요?"

시선을 맞춰오는 환자의 눈이 불안에 젖었다.

"살려주세요."

벌벌 떨리는 손을 잡았다.

"안 죽어요."

모니터에 뜨는 숫자는 절망적이다. 산소포화도 89퍼센트, 호흡수 38회. 공급할 수 있는 산소를 최대치로 주고 있다. 30회 밑으로 호흡수가 떨어지지 않는다. 기도삽관밖에 답이 없지만 이미 반복해서 설명했음에도 환자는 이를 단호히 거부했다. 밭은 숨을 쉬는 환자의 지친 얼굴을 가만 바라보며 말했다.

"저희가 도와드릴게요. 환자분, 살려드릴게요. 호흡을 깊게 하셔야 해요, 천천히 들이쉬고 내쉬세요."

이제 의미도 없어진 말을 자신감 있는 목소리로 되뇐다. 따라만 하면 정말로 다 좋아질 것처럼 말해야만 한다. 무력감이 온 마음을 덮었다. 온전한 신뢰를 보내는 눈빛들 앞에서, 무력한 우리는 만들어낸 자신감을 뒤집어써야 한다. 순간의 불안을 위로하기 위해서.

내 말을 따라 천천히 호흡하려고 애쓰는 환자 옆을 긴 시간 지킬 수도 없었다. 방 밖으로 뛰어나와 다시 수액 박스들을 챙겨 들었다. 내 품에 안긴 일이 너무 많았다. 자꾸 무거워지기만 했다. 매일매일 조금씩 더 무거워졌다.

나이트 1조와 교대한 이브닝 2조 근무자들이 돌아왔다. 지친 얼굴이지만 많이 늦지는 않았다. 몇 명은 샤워실로 향하고 몇 명은 의자에 무너지듯 앉았다. 샤워실이 부족한 탓에 어차피 줄을 서서 기다릴 테니 휴게실에 앉아서 기다리는 것이다. 그들은 쉴 새도 없이 우리의 질문 세례를 받는다. 빠르게 부족한 물품들을 받아 적었다.

거즈 10×10, 시린지(주사기)는 충분해요? 10cc짜리 세 박스 가져갈까요? 20cc짜리도 가져갑시다. 몇 개 없는 것 같아. 종이컵도 다 떨어져가는 것 같던데. 맞아요, 어제 보니까 한 줄 남았어요. 그것도 많이 챙깁시다.

근무 40분 전, 우리는 휴게실과 안쪽의 간이침대에 잠든 간호사들을 깨운다. 시간이 많지 않다. 상황실로 가 큰 비닐봉지를 꺼낸다. 상황실에서 당직을 서는 간호사는 물건들을 쓸어 담는 우리를 외면해준다. 이것도 필요하지 않을까? 얼마나 남았죠? 글쎄요, 뭐든 많이 남았겠어요? 챙깁시다. 두런두런 오가는 말소리를 애써 못 들은 척해준다. 중환자실은 나이트 근무자가 챙긴 물품으로 하루를 견딘다. 모자라서는 안 된다. 물건이 모자라면 그 물건이 들어오기까지 너무나 긴 시간을 허비해야 한다. 그동안 애를 태우며 견뎌야 할 이는 우리 동료들이다.

탐욕스레 채운 비닐봉지를 나눠 들고 출발한다. 업무 시작 30분 전, 보호복 착의실은 철새 도래지 같다. 흰 보호복을 푸드덕 푸드덕 펴고 걸치는 사람들이 방 안 가득 들어찬다. 옷을 일찍 입은 간호사들이 테이프를 들고 돌아다니며 다른 간호사들의 손목을 붙잡고 장갑을 고정해준다. 레벨D 보호복을 착용하는 간호사들의 이마 위를 고글이 짓누른다. 격렬한 업무를 하면 곧 고글 안에 습기가 들어차 앞도 잘 보이지 않을 것이다. 그들이 보이지 않

는 눈으로 더듬거리며 중환자실로 물건을 빌리러 올 때마다 우리
는 그들의 젖은 눈을 바라본다.

보호복을 입고 이동한 전동식호흡보호구 착의실은 좀더 한산
하다. 신속하게 기계 상태를 체크하고 허리에 찬다. 전날 소독해둔
후드를 뒤집어쓴다. 후드와 기계를 연결하는 호스를 서로 끼워준
다. 여러 번씩 반복해서 서로의 기계와 호스를 매만지며 확인한다.
이 작업은 근무 내내 반복된다.

중환자실에 도착한다. 안녕하세요! 소리 높여 외치는 인사에 후
드와 마스크 너머의 얼굴들이 반색을 띤다. 서둘러 가져온 물품들
을 풀어놓고 인계부터 받는다. 물품을 정리하는 일은 인계 후에
한다. 1조를 빨리 내보내기 위해서다.

내가 담당할 환자는 세 명이다. 환자 상태를 파악하고 가래를
뽑아낸 후 기록한다. 4, 5, 6번 병상에 누운 환자는 모두 기도삽관
중으로 인공호흡기가 호흡을 대신해주고 있다. 한 명은 에크모를
달았고, 두 명은 24시간 투석기를 달았다. 할 일이 많은 날이다.
"선생님 잠깐만 이리로 와보세요." 빗자루를 든 간호사가 방긋 웃
으며 말한다. 투석액 백을 마침 다 간 참이었다. 투석액이 들어가
는 속도에 따라 5킬로그램짜리 투석액 두 개를 평균 네다섯 시간
마다 들고 가 저울에 걸어야 한다. 잘 걸렸는지 확인 후 저울을 밀
어넣고 모니터를 확인한다. 필터는 아직 괜찮다.

내가 비켜서자 빗자루가 내가 서 있던 바닥을 쓱쓱 쓸어낸다. 이미 쓸어 모아둔 쓰레기가 한 무더기다. 거즈며 주사기와 수액들의 포장지, 알코올솜, 바닥을 뒹굴던 오염된 카테터와 장갑 들이 뭉쳐 산을 이룬다. 물품을 많이 사용하는 부서인 만큼 쓰레기도 어마어마하게 나온다. 쓰레기를 치워줄 인력이 투입되지 않아 시간이 남는 간호사가 빗자루를 휘둘러야 한다. 쓰레기 몇 개를 주워 쓰레기 산 위에 올려놓던 중 시야에 기함할 장면이 들어온다.

"아니, 저게 뭐야!"

시트가 비어져 나와 꾸깃꾸깃 구겨진 채로 환자 몸 밑으로 말려 들어가 있다. 한숨이 절로 나온다. 청소를 하던 선생님이 내 시선을 따라오더니 냉큼 빗자루를 내려놓는다. 나는 시트를 새로 하나 챙기고, 또 다른 간호사에게 가서 묻는다.

"선생님, 저 포지션 좀 도와주실 수 있어요?"

일회용 비닐 시트들은 너무 작은 탓에 매트리스에 잘 끼워지지 않는다. 힘으로 잡아당겨 끼워놓으면 미미한 마찰로도, 혹은 마찰 없이도 몇 시간만 지나면 다 비어지기 일쑤다. 그 구겨진 시트들이 환자 몸에 눌려서 욕창을 만든다. 큰 시트를 달라고 요청했지만 아직 소식이 없다. "조금만 더 이쪽으로 당길게요, 하나, 둘, 셋!"

모두의 입에서 침음이 흐른다. 무거운 환자의 체중을 세 명의 간호사가 온 힘을 다해 들어 옮긴 뒤, 몸 아래 말린 시트를 빼내고 새 시트를 끼운다. 보통은 네 명이 할 일이다. 의식을 재워놓은 환자는 스스로 움직이지 못해 까딱하면 욕창이 생긴다. 그래서 환자의 자세를 바꾸는 체위 변경은 중요한 업무다. 체중이 많이 나가는 환자일 경우 간호사들의 허리와 손목은 사정없이 혹사당한다. 이 일을 두 시간마다 해야 하지만, 한 줌의 간호사들이 모든 일을 해내면서 두 시간마다 환자 자세를 바꾸려고 네 명씩 모이는 건 불가능하다. 결국 모든 환자에게 욕창이 생겼고, 생긴 욕창이 심해지지 않도록 간호사들이 달라붙어 안간힘을 쓴다.

"어, 선생님 팔 보세요!"

한 간호사가 다른 간호사에게 외친다. 기계 모서리에 보호복이 걸려 팔 부분이 찢어졌다. 피부가 보인다.

"선생님 지금 나가세요." 데스크에 있던 간호사가 얼른 다가와 찢어진 부분에 테이프를 붙인다. "포지션 제가 들어올게요." 그는 담당하던 환자의 정보와 문제를 간략하게 일러주고, 재빨리 병동 밖으로 나간다. 그가 없는 동안 우리가 대신 그의 환자를 봐줄 것이다. 다시 체위 변경이 계속된다. 신경이 곤두선다. 업무가 많아 분주하게 움직이다 보호복이 손상되는 일이 많다. 그러면 꼼짝없이 나가야 하고, 안 그래도 없는 인력은 더 부족해진다.

내 담당 환자 세 명과 반대편에 누워 있던 8, 9, 10번 환자의 자세를 모두 바꾸고 땀투성이가 된 간호사들이 흩어진다. 그러나 숨

돌릴 새도 없이 4번 환자의 모니터에서 알림이 크게 울린다. 맥이 130회, 리듬이 브이택 V-tach (심실빈맥)•이다. 뚜렷이 보이는 부정맥의 양상에 환자의 맥을 얼른 짚어본다. 다행히 맥이 있다. 그러나 결코 무시할 게 아니다. 혈압도 떨어진다. 1~2초 지속되던 브이택이 진정됐다가 다시 생기고, 곧 다시 없어진다. 재빠르게 병동용 휴대전화를 들고 온다. 후드를 쓰면 귀에 수화기를 댈 수 없어 스피커폰을 켠 채로 대화해야 한다. 환자의 상태를 당직의에게 알리는 동안에도 "뭐라고요?" 하는 반문이 여러 번 돌아온다. 후드를 뚫고 나가도록 크게 말해야 한다. 전화기를 사이에 둔 우리는 싸우기라도 하듯 소리를 버럭버럭 지른다.

부정맥은 완전히 멈췄고 맥도 정상치이지만, 혈압이 낮다. 결국 승압제와 수액을 부어 넣는다. 둔한 손으로는 빠르게 수액을 섞을 수 없어서 자꾸 안달이 난다. 겨우 환자의 혈압이 천천히 올라간다. 긴장을 늦출 수 없다.

모니터를 주시하며 하루치 처방을 확인하고 약을 준비한다. 처방이 모자란 약들은 밤 근무자가 미리 처방을 받는다. 하루 종일 잡혀 있는 검사와, 검사를 나갈 시간을 확인하고 바코드를 뽑아 정리해둔다. 수액장을 열어 필요한 수액이 충분한지 확인한다. 석

• 부정맥의 일종, 맥이 없을 경우 심폐소생술을 해야 한다.

선용 카테터들과 주사기, 생리식염수. 일반 병원이라면 보조 인력들이 채워주는 물품을 간호사들이 매일 밤 확인하고 채워넣는다. 만약 밤 근무 동안 일이 바쁘면, 낮 근무자가 해야 한다. 서로의 할 일을 줄여주기 위해 모든 간호사가 안간힘을 쓴다.

입구 쪽에서 어수선한 소리가 들린다. 나이트 1조가 벌써 돌아온 것이다. 공식적인 업무 시작 시간보다 15분 이르다. 빨리 들어오겠다고 정신없이 서둘렀을 게 눈에 선하다. 두 시간은 필요한 업무를 다 하기에 턱없이 짧은 시간이지만, 이미 보호복은 안이 다 젖어 장갑이 미끄럽다. 이렇게 지친 상태로는 실수가 나올 수밖에 없다. 늘 뭔가 찜찜한 상태로 인계를 하고 나와야 한다. 한숨을 쉰다.

탈의를 하고 나온 후, 1시간 30분의 휴식은 바닥 뚫린 지하실 같다. 어디로 이어졌는지 모를 구덩이를 옆에 두고 잠을 청해봤자 그저 심란할 뿐이다. 눈도 붙이지 못하고 휴게실로 나온다.

저마다 휴식을 끝내고 업무 시작 30분 전 나이트 2조 간호사들은 다시 모인다. 약품과 필요한 물건을 또다시 챙기고, 인계를 받으러 출발한다. 보호복을 입고 서둘러 병동으로 올라간다. 두 번째 인계는 짧다. 2시간 동안 있었던 일에 대한 설명만 듣고 서둘러 1조를 내보낸다.

"선생님들!"

일을 시작한 지 얼마 지나지 않아 간호사 한 명이 뛰어 들어온다. 중증도가 상대적으로 낮은 2중환자실에서 온 간호사다.

"어레스트(심정지)요! 우리 좀 도와주세요!"

제 환자를 보던 간호사들이 죄다 뛰어나온다.

"일단 컴프레션(흉부 압박)하고 있어요. 인튜(기도삽관) 중이에요. 저희 쪽에 사람이 너무 없어요. 헬퍼 좀 와주세요."

책임간호사가 간호사들의 얼굴을 훑는다.

"우리 쪽에서 일단 세 명 갈게요. 지금 경증 보는 쪽이 가야 할 것 같아요."

간호사 세 명이 손을 든다. 두 명은 바로 뛰어가고, 한 명은 중심정맥관과 동맥관 삽입 기구들을 찾아 챙긴다. 남은 간호사들이 분주히 빈자리를 채운다.

7, 8번 침상의 환자들을 보던 간호사가 도와주러 간 동안 나는 4, 5, 6, 7, 8번 병상을 동시에 봐야 한다. 활력징후(맥박, 호흡, 혈압, 체온)를 입력하고, 소변량을 측정하고, 필요한 기록들을 한다.

또 알람이 울린다. 5번 환자의 산소포화도가 뚝뚝 떨어진다. 에크모와 인공호흡기를 달고 있는 환자다.

에크모에도, 인공호흡기에 나타나는 호흡 양상에도 문제가 없다. 혈액응고 수치가 썩 좋지 않던 환자다. 불길한 예감이 스친다.

가래를 뽑아내자 선홍색 혈액과 함께 응어리진 덩어리들이 끌려 나온다. 포화도가 더 떨어진다. 인공호흡기로 100퍼센트 산소를 공급하면서 전화를 걸지만, 당직의는 옆 병동에서 심폐소생술을 하고 있을 게 뻔하다. 당연히 전화를 안 받는다. 그사이 포화도는 더 떨어진다. 책임간호사에게 말한다. 선생님, 그냥 교수님 깨울게요.

자다가 첫새벽에 전화를 받은 호흡기내과 교수는 잠에 젖은 목소리로 인공호흡기와 에크모의 흡입산소농도$_{FiO2}$•를 늘리자고 말한다. "상황실에 랩(검사) 빨리 달라고 말할게요. 수혈 처방이 나도 달기 전까지 시간 좀 걸릴 것 같아요." 내가 말한다. "일단 에크모가 있으니까 버텨봅시다. 엑스레이 먼저 찍어요." 교수님이 말한다.

동이 튼다. 엑스레이도 찍었고, 처방을 받아 검체도 나갔고, 수혈 처방도 났는데 헬퍼를 간 간호사들이 아직 돌아오지 않는다. 상황을 확인하러 2중환자실에 다녀온 책임간호사가 말한다. "한번 ROSC ••됐다가 다시 어레스트 났었대요. 지금 다시 ROSC됐고, 시라인 ••• 잡는대요." 내가 말한다. "칼퇴근은 글렀네요." 옆에 선 간호사가 허허롭게 웃는다.

• 공기 중 산소가 차지하는 비중.
•• recovery of spontaneous circulation, 자발순환회복. 심정지 후 정상 순환 상태로 돌아오는 것을 말한다.
••• C-line(central-line), 중심정맥관. 농도가 높거나 혈관에 손상을 줄 수 있는 약물을 투여할 때, 다량의 수액을 투여해야 할 때 사용한다.

포스트 코로나 사회

4번 환자의 모니터가 크게 울린다. 다시 부정맥이다. 달려가 맥을 짚어본다. 맥이 없다.

"선생님! 여기 브이택이요!"

책임간호사가 달려온다. 나는 재빨리 침대 머리를 낮추고 사이드 레일을 내린다. 환자 침대에 올라탄다. 가슴 정중앙에 압박을 넣으며 묻는다.

"지금 시간이요?"

"6시 16분!"

이 상황이야말로 칼퇴근은 그른 상황이다.

"이카트ᴇ-ᴄᴀʀᴛ(응급카트)랑 디피브ᴅᴇғɪʙʀɪʟʟᴀᴛᴏʀ(제세동기) 주세요." 내가 말한다.

"제가 당직 불러올게요!" 누군가 뛰어나가면서 소리친다. 책임간호사가 제세동기를 끌고 와 리드를 환자의 흉부에 부착한다. 흉부압박은 보호복 없이 해도 등판이 땀으로 흠뻑 젖도록 체력이 소모되는 일이다. 압박이 제대로 들어가려면 온 체중이 실려야 한다. 모니터를 보면서 리듬이 크게 보이도록 강하게 압박을 넣는다. 장갑 안은 이미 축축하다.

"언제부터 이랬어요?"

의사 스티커를 후드에 붙인 당직의가 뛰어 들어온다.

"6시 16분이요!" 시계를 본다. "지금 18분! 2분 됐어요. 리듬 볼

게요!"

손을 뗀다. 모두가 제세동기의 모니터에 집중한다. 리듬이 정상으로 돌아왔다. 모두에게서 안도의 탄식이 흐른다.

"EKG• 찍으실 거죠?" 책임간호사가 당직의에게 묻는다. 간호사한 명이 답도 듣기 전에 EKG 기계를 가지러 간다. "찍고 랩도 다시 나갈게요." 내가 말한다. "검체 뽑을게요. EKG 찍고 나서 처방주세요."

"안녕하세요!" 우렁찬 목소리가 들렸다. 마치 구원자들처럼, 데이번•• 간호사들이 왔다. 나는 뽑은 검체를 책임간호사에게 넘기고 서둘러 환자 옆으로 돌아온다. 내게 인계를 받으러 온 분의 얼굴을 보자마자 자조적인 웃음이 터진다. 어제도 봤던 얼굴이다. "선생님, 저 망했어요," 다정한 얼굴이 마주 웃는다. "그럴 줄 알았어요. 휴게실 컴퓨터로 전산 기록 보고 왔거든요." "기록 거의 못넣었어요. 저 인계하고 넣을게요."

긴 인계를 마친 후 빈 노트북에 매달려 겨우 기록을 끝내고, 처방 창을 켜는 내게 데이번 간호사가 손을 뻗는다. "그만하고 얼른

• electrocardiogram, 표준 12 유도 심전도, 정확도가 높다.
•• 오전 7시 30분부터 오후 3시까지 근무.

포스트 코로나 사회

가세요, 고생하셨어요." 등을 쓰는 손길에 떠밀려 병동을 나온다. 온통 피로에 지친 동료들이 탄성 같은 한숨을 내쉰다. 엘리베이터 앞에 선 모두가 너덜거린다. "드디어 끝났네요." 누군가 조용히 말한다. "네, 오늘은요."

건물을 벗어나 보호복을 탈의하기 위한 컨테이너박스에 들어선다. 좁은 컨테이너가 꽉 찬다. 간호사들은 서로에게 알코올 스프레이를 뿌려댄다. 알코올 입자가 매캐하게 떠다닌다. 기침이 나와 눈도 안 떠진다. 알코올이 충분히 덮이자 간호사들은 털 고르는 원숭이들처럼 서로의 전동식호흡보호구 후드를 티슈로 박박 닦는다. 후드에 유성펜으로 적은 이름이 뭉개져 검은 흔적을 남긴다. 후드는 수량이 모자라 사용 후 돌려놓고 파견이 끝날 때까지 사용한다. 행여 겉면에 뭔가 남을까 봐 간호사들은 숨을 참고 후드에 알코올을 넘치도록 붓는다. 검은 자국들을 따라 두려움이 흘러내린다.

젖은 나비 같은 간호사들이 멀어지는 집중을 불러오며 한쪽에 비치된 거울을 노려본다. 보호복 아래쪽의 덧신을 벗어내느라 비틀거리며 필사적으로 서로에게서 멀어진다. 내 오염된 보호복 자락과 보호복을 벗은 동료의 몸이 부딪치면 아주 곤란해진다. 같은 극의 자석처럼 최대한 멀리 떨어진다. 장갑을 한쪽 벗을 때마다 안에 고여 있던 땀이 터진 물풍선처럼 차가운 물소리를 내며 떨어진다. 새벽의 한기가 땀에 서려 무거워진 옷소매 속으로 파고 든다. 우리는 새벽 공기 속으로 걸어 나간다. 다시 아침이다.

화장실부터 들러 피부를 벗겨낼 기세로 손을 씻고, 샤워 후 입을 옷을 챙기기 위해 라커룸에 들어서자 기다리고 있던 나이트 1조 간호사들이 반긴다.

"고생하셨어요. 선생님들 완전 난리 났다던데."

반색을 띤 얼굴들과 이산가족 상봉을 하고 나자, 한 간호사가 말한다.

"선생님, 그거 들었어요? 75병동 없앨 거래요. 이제 음성으로 판정된 환자들이 많이 퇴원해서 75병동에 남은 환자들 다른 병동으로 보내고 없앤대요. 우리 이제 좋아지려나 봐요."

"잘됐네요!"

다행이다. 이제 끝이 보이려나 보다. 희망이 오간다.

나는 샤워실로 간다. 샤워실 앞에 선 줄은 이미 짤막하다. 네 칸짜리 샤워실 앞은 퇴근 시간마다 붐비지만 우리가 초과근무를 한 탓에 이미 다들 퇴근한 것이다. 짧은 줄 사이에서도 환자가 줄었다는 말들이 웅성웅성 피어오른다. 타지에서 위험과 불안을 오롯이 참는 이들에게는 가장 기쁜 소식이다.

'환자가 줄고 있다.' 입안으로 되뇌었다. 좋아져서 퇴원하거나, 중환자실에서 죽어 나간다. 어제 사망한 환자의 가느다란 목소리가 귓가를 맴돈다. '살려주세요.' 오늘 본 환자들의 얼굴이 떠오른다. 기도에서 울컥거리는 선지피가 쏟아져 나오던, 급격히 산소포화도가 떨어진, 심폐소생술을 했으나 얼마나 갈지 모르는, 부정맥이 널을 뛰는 환자의 얼굴들이 차례로 떠오른다.

샤워를 마치고 시간을 보니 아침 8시. 오늘은 쉬는 날로 되어 있지만, 밤에 다시 출근을 하게 될지, 내일 아침에 출근을 할지, 그건 모른다. 앞일이 어찌 될지 모르니 쉴 수 있을 때 최대한 쉬어야 한다.

휴게실 뒤편의 침대방으로 들어간다. 평소에는 열 개 남짓한 간이침대가 모두 차 있지만, 운 좋게 한 자리가 비었다. 잠든 간호사들 사이로 몸을 누인다.

'살려주세요.'

고요한 어둠 속에서, 숨이 빠져나가는 목소리가 맴돈다. 우리가 지나온 길에 죽어 넘어진 환자들의 얼굴이 머릿속에 꽉 차오른다.

어둠 속에 누운 간호사들의 그림자를 하나하나 훑었다. 지친 얼굴들. 우리가 지나온 길을 떠받치기 위해, 제 몸을 마구 밀어 넣은 간호사들의 얼굴을 마주 본다. 이곳에 온 간호사들은 유독 '전시 상황'이라는 말을 많이 듣는다. 모자란 보호구, 열악한 시설, 부족한 인력, 매일의 과로에 대한 근거로 제시되는 가장 강력한 단어. 이 젊은 얼굴들 앞에 벌어진 일들을 곰곰이 헤아렸다. 이 전쟁에 투입된 장기말들은 간호사들이다.

그래, 언젠가는 모든 것이 끝날 것이다. 환자들이 퇴원하고, 병동이 하나둘 문을 닫고, 이 병원도 필요 없어지는 순간이 올 것이다. 그러나 끝나더라도, 무엇이든 다시 우리를 찾아올 것이다. 사스, 에볼라, 메르스, 그리고 코로나19, 그 주기와 그림자에 잠긴 간호사들. 결국 이런 시대가 온 것이다. 언제까지 계속될지 모르는 우리의 전쟁은 이제 적이 보이지 않는다.

그만 생각해야 해. 이불을 머리끝까지 뒤집어썼다. 몸이 피곤하니 정신이 황폐해지는 거지. 갈 길이 멀고 아득하게 느껴지면, 단순한 것만 생각해야 한다. 하루하루 버텨야 할 일, 내 옆에 선 사람들. 오늘의 잠.

눈을 감는다.

대구 파견 3주하고도 이틀째의 일이다.

이 글은 2020년 3월 3일부터 3월 31일까지 대구 파견 중 있었던 일들의 일부를 재구성한 것이다.

김동은

2020년, 대구의 기억 : 그래도 함께하는 우리

코로나19 대구 상륙

"응급실이 폐쇄됐어요." 간호사가 달려와 소식을 전했다. 2020년 2월 18일, 대구에 코로나19 첫 확진 환자가 나온 바로 그날 오후였다. 내 귀에는 '코로나19가 우리 병원에도 마침내 도착했습니다'라는 말로 들렸다. 폐렴 증세로 응급실에 온 환자가 확진 환자와 접촉했을 가능성이 있어 응급실이 폐쇄되었다. 이날 하루에만 대구 지역 대학병원 네 곳의 응급실이 차례로 문을 닫았다. 코로나19는 그렇게 대구에 상륙했다.

"코로나 사태 대응을 위한 긴급 교수회의를 개최합니다. 2월 21일 아침 7시 30분, 세미나실." 2월 20일 밤 11시가 넘은 시간에 병원에서 문자 메시지가 왔다. '아니 무슨 회의 안내 문자를 한밤중에 보내고 난리야.' 잠결에 받은 문자에 살짝 언짢았다가 곧 불안한 마음이 덮쳐왔다. '코로나바이러스감염증-19'는 이미 '코로나 사태'가 되어 있었기 때문이다.

이른 시간이었지만 많은 교수가 회의에 참석했다. 병원장은 공공병원인 대구의료원과 함께 민간병원인 대구동산병원이 코로나19 감염병 전담 병원이 되었음을 통보했다. 확진 환자 급증으로 대구의 병상 부족이 심각해지자 지난밤 급하게 내려진 결정인 듯했다. 계명대학교 동산병원이 신축 이전한 후 200병상 규모의 2차병원으로 운영되던 대구동산병원과 대구의료원에 갑자기 소개령疏開令이 떨어졌다. 두 병원에 입원해 있던 수백 명의 환자가 급히 다른 병원으로 옮기거나 퇴원해야 했다. 미리 동의를 구하는 절차는 없었다. 갑작스러운 결정에 옮겨갈 병원을 구하지 못한 대구의료원 입원 환자들이 발을 동동 굴렀다. 이날까지 대구에 코로나19 확진 환자는 126명에 불과했다. 그러나 2만 5000개의 병상이 있다는 '메디시티 대구'에 코로나19 확진 환자가 입원할 병실은 없었다.

"선생님, 확진을 받은 장애인이 입원할 병실이 없어요." 장애인 인권단체 활동가의 다급한 전화를 받은 건 일주일 뒤다. 활동지원사가 확진 판정을 받아 자가격리되었던 장애인 열세 명 중 한 분이었다. 장애인 환자를 위한 별도의 병실이 준비돼 있는지 대구시에 알아봤지만 역시 없었다. 결국 확진을 받은 장애인은 상주 적십자병원으로 이송되었다. 많은 활동지원사가 격리 대상자가 되면서 장애인을 도와줄 사람이 부족했다. 결국 인권단체 활동가들이 방호복을 입고 식사, 목욕, 감염 관리까지 돕는 '동행 격리'에 들어갔다. 많은 장애인이 자신도 감염된 건 아닌지 불안해하며 보건소에 여러 번 전화했지만 계속 불통이었다. "선생님, 이분들 코로나 검사를 받을 수 없을까요?" 부탁을 받고 알아보니 선별진료소 아침 교대 시간이 비교적 한산했다. 삼일절 아침 8시에 그분들을 대구의료원에서 만났다. 진료 의사에게 사정을 설명하고 겨우 바이러스 검사를 받을 수 있었다.

코로나19가 확산되자 대구 지역 무료급식소가 문을 닫았다. 노숙인과 쪽방 주민들이 식사를 제대로 못 한다는 소식이 들렸다. 손소독제, 마스크, 라면 등이 든 꾸러미를 들고 쪽방 상담소 활동가와 함께 쪽방촌을 둘러보았다. 국민 모두가 어려운 시기를 지나고 있었지만, 쪽방촌은 더욱더 힘들어 보였다. 자원봉사자를 구하기 힘든 상황에서 쪽방 주민들을 위해 직접 뛰어다니는 활동가들이 고마웠다. 미등록 이주노동자들 역시 방역의 사각지대에서 고통을 겪었다. 건강보험이 없는 미등록 이주노동자들은 공적 마스크조차 구매할 수 없었다. 코로나바이러스는 국적을 가리지 않았지만, 마스크는 가려서 공급되었다. 결국 기증받은 마스크를 이주노동자센터 활동가들이 직접 나눠줄 수밖에 없었다. 이름은 '평등마스크'였다. 같은 바이러스였지만 취약계층의 삶에는 더 깊이 침투해왔다.

'메디시티 대구'의 부끄러운 민낯

대구광역시는 10여 년 전부터 '의료특별시, 메디시티 대구'를 광고했다. 대구 시민들은 보건의료만은 걱정을 안 해도 되는 줄 알았다. 그러나 그건 허상이었다. 시는 의료 관광 등 돈벌이에 치중하느라 공공의료 인프라 확충이나 감염병 대비에는 허술했고, 막상역병이 들이닥치자 시민들은 그 대가로 커다란 고통을 겪어야 했다. 250만 대도시에 공공병원은 사실상 대구의료원 한 곳뿐이었고, 국가 지정 음압병상도 고작 10개였다. 역학조사관도 단 한 명밖에 없어 제대로 된 역학조사는 처음부터 불가능했다.

"대구시는 메르스 확진자가 나왔을 때 대응이 가장 모범적이었습니다. 다른 시도의 광역대책본부에서도 그때 우리가 만든 메르스 백서를 기본으로 삼고 있고 중앙정부에서도 그렇게 하고 있습니다." 2020년 2월 4일 대구시 정례조회에서 나온 권영진 대구시장의 자화자찬은 불과 3주 만에 무색해지고 말았다. 확진을 받고도 입원실이 없어 집에 머물다 사망하는 환자가 속출했다. 우리나라에 첫 확진 환자가 나온 후 대구에서 첫 환자가 나오기까지 30일의 시간이 있었지만, 병상 준비조차 하지 않았다. 공공의료 인프라 부족뿐만 아니라 감염병 확산에 대응하는 진료 체계나 매뉴얼조차 없었다. 확진 환자를 처음부터 중증도에 따라 분류하지 않아 경증 환자가 격리 병상에 입원하고, 중증 환자는 집에서 대기하는 어이없는 상황이 반복됐다. 생명보다 돈을 좇던 '메디시티 대구'의 부끄러운 민낯이 백일하에 드러나고 말았다.

선별진료소, 마침내 문을 열다 —대구로 달려온 의사들

1명, 50명, 148명, 340명, 741명…… 대구의 코로나19 하루 확진 환자가 기하급수적으로 늘어났다. 시민들은 공포에 빠져들었다. 도심은 텅 비었고 사람들의 얼굴에서는 웃음기가 싹 가셨다. 대구에 의료진이 부족하다는 소식이 들려왔다. 내가 속한 대구·경북 인도주의실천의사협의회 회원들 사이에서 코로나19 진료 현장으로 달려가야 한다는 목소리들이 나왔다. 상황을 파악해보니 감염병 전담 병원에는 경증 환자가 다수여서 의사가 할 일이 많지 않았다. 그러나 선별진료소는 많은 시민이 검사를 받으러 찾았기에 대구의료원의 경우 의사는 24시간, 간호사는 하루 2교대로 일하고 있었다. 시민들의 가장 큰 불만도 빨리 검사를 받을 수 없다는 것이었다. 그래서 인의협은 선별진료소에 힘을 보태기로 했다. 때마침 보건복지부에서 달서구에 선별진료소를 추가로 설치하기 위해 진료 의사를 찾고 있었다. 복지부와 협의를 거쳐 달서구 선별진료소를 전담하기로 했다. 특히 취약계층이 편하게 이용할 수 있도록 계획했다. 곧바로 회원 게시판을 통해 지원자 모집에 나섰다. 혹시나 지원자가 한 명도 없으면 어쩌나 걱정도 됐다. 그러나 그것은 기우에 불과했다. 하루 만에 스무 명이 넘는 회원이 진료 의사로 자원을 했다. 인턴을 마친 새내기 의사부터 정년을 앞둔 원로 교수까지 동참했다.

"저는 서울에 사는 안과의사인데 대구에 가서 돕고 싶어요." 병원에 2주나 휴가를 내고 대구로 달려오겠다는 젊은 의사도 있었다. "저는 부산 서면에 개원한 의산데, 대구로 달려가겠습니다." 그는 병원 문을 열흘 넘게 닫고 달려왔다. "고생이 많으시지요. 백도명입니다." "네? 백도명 교수님이시라고요?" 삼성 반도체 공장에서 일하다 백혈병으로 쓰러져간 노동자들과 가습기살균제 피해자들을 위해 애썼던 서울대 보건대학원 백도명 교수도 직접 전화를 걸어왔다. "대구에 의료진이 많이 부족하다는데 제가 도울 일이 있을까요?" 정년퇴임을 1년 앞둔 '노동자들의 의사' 백도명 교수도, 감염병 확산으로 아무도 오지 않으려던 대구행 KTX에 몸을 실었다.

2020년 3월 2일, 드디어 달서구에 코로나19 임시 선별진료소가 문을 열었다. 세계적으로 주목을 받은 드라이브스루(승차 검진)형 선별진료소였다. 구불구불 경사진 커브 길로 유명한 샌프란시스코의 롬바드가와 유사한 달서구 노인종합복지관 주차장은 드라이브스루 진료소 설치에 안성맞춤이었다. 진료를 받으러 오면 차에 탄 채 접수 부스로 안내된다. 다음 코스는 진료 부스다. 총 네 개의 진료 부스가 설치되었고, 부스마다 한 명의 의사와 세 명의 간호사가 팀을 이뤘다.

차창을 조금 내린 후 인후통, 발열 등 의심 증상이 있는지 의사가 문진을 한다. 아울러 고혈압, 당뇨 등 기저질환이 있는지도 확인한다. 바이러스 검사가 필요하면 코와 목의 깊은 곳에서 검체를 채취한다. 가래 증상까지 있으면 차창을 올린 후 직접 가래를 모아 밖으로 전달한다. 결과를 제대로 얻기 위해 코 깊숙한 부위까지 면봉을 넣으면 아프다고 짜증을 내는 분도 가끔 있었다. 검체가 많이 밀려 결과가 2~3일 뒤에 나온다고 하면 화를 내기도 했다. 코로나19 때문에 불안한 거겠지, 라고 이해했다. '힘내세요'라며 고마워하고 응원해주는 시민이 훨씬 더 많았다. 나는 없어도 되지만 여기 의사 선생님들은 꼭 있어야 할 것 같아서 가져왔다며 마스크를 스무 장 남짓 챙겨오신 어르신도 계셨다. 마지막 부스에서 타고 온 차량을 소독하면 드라이브스루 선별 검사의 모든 과정이 끝난다.

최전선에 선 간호사들

우여곡절 끝에 대구동산병원의 병동이 비워진 2월 22일, 확진을 받고 집에서 대기 중이던 환자들이 구급차에 실려 와 입원하기 시작했다. 2주 만에 6개 병동이 200여 명이 넘는 코로나19 확진 환자로 가득 찼다. 간호 인력이 절대적으로 부족했다. 인근 병원과 이전한 새 동산병원에서 일하던 간호사들이 급히 차출되어 왔다. 대부분 감염병동에서의 근무 경험은 없었다. 감염증 환자를 볼 때의 행동 지침이나 보호 장구 사용에 대한 체계적인 교육도 거의 없었다. 보호구 착용 및 탈의 방법을 보여주는 8분짜리 동영상 하나를 시청한 뒤 격리 병상으로 전격 투입되었다.

"간호사가 부족해 죽을 지경이에요." 격리병동 근무를 막 마치고 나온 간호사가 전하는 병동의 상황은 몹시 심각했다. 한 명의 간호사가 평상시 맡던 환자의 두 배 이상을 맡고 있었다. 방호복을 입고 고글과 N95 마스크까지 차용한 채 일을 해야 하니 더 힘들다고 했다. 격리병동에는 아무나 들어올 수 없어 배식은 물론이고 병동을 깨끗하게 유지하는 일까지 간호사들 몫이었다. 간호 인력이 턱없이 적다보니 일주일 중 하루도 쉬기가 어려웠다. 사명감으로 버티던 이들은 서서히 지쳐갔다. "바이러스보다 과로사가 더 두렵다"고 말하면서도, 현장의 간호사들은 긴장을 놓지 않았다.

"내일부터 격리병동에 들어가 간호사 일을 돕겠습니다." 병원장과 수간호사를 찾아가 말했다. 고맙다, 의아하다, 당신이 견딜 수 있을까, 세 가지 눈빛이 동시에 느껴졌다. 3월 초부터 진료와 수술이 없는 화요일, 그리고 토요일과 일요일에 격리병동에서 간호사들을 도왔다. 나는 입원 환자가 가장 많은 52병동에 소속되었고, 3교대 근무 중 가장 바쁘다는 낮 근무 A팀에 배정되었다. 하루 전 같이 근무할 수간호사로부터 아침 6시 50분까지 병원으로 오라는 연락을 받았다. 아침 일찍 병원에 도착하니 이미 많은 간호사가 모여 병동별로 인원을 확인하고 있었다. 우리 A팀은 '초보 간호사'인 나를 포함해 총 다섯 명이었다. 전남 순천의 아동병원에 근무하다 한 달간 휴가를 내고 온 간호사도 있었다. 격리병동 입구에 있는 탈의실로 가서 방호복을 입고 교대 시간보다 15분 일찍 병동에 도착했다. 밤 근무를 마친 네 명의 간호사가 기다리고 있었다. 많이 지쳐 보였다. 곧바로 입원 환자에 대한 인수인계가 시작되었다. 우주복을 입은 듯한 여덟 명의 간호사가 병동에 모여 있는 모습은 낯설면서도 비장함이 느껴졌다. 근무가 시작되기 전 수간호사가 가까이 오더니 의미심장한 한마디를 건넸다. "교수님, 정신없이 바쁠 땐 제가 교수님께 이것저것 막 부탁할 수 있어요." "그럼요, 아무 일이나 시켜주세요." 대답은 했지만, 고글 안으로 비치는 수간호사의 날카로운 눈빛에 바짝 긴장이 되었다. 내가 잘해 낼 수 있을까?

내게 주어진 격리병동 첫 업무는 배식이었다. 검체 채취도 돕고, 약도 나눠드리고, 병동 질서를 유지하는 일도 했지만 가장 주된 업무는 역시 배식이었다. 매일 아침 7시 30분이면 커다란 박스 대여섯 개가 엘리베이터를 통해 올라왔다. 환자분들이 드실 아침 도시락이다. 간식과 생수도 함께 도착한다. 박스에 동봉된 배식 용지에는 환자 이름마다 '상식常食'과 '연식軟食'이라고 적혀 있다. 밥과 죽을 잘 선별해서 배식해야 했다. "아침 식사 왔습니다." 병실 문을 열고 도시락을 테이블에 올려놓으며 크게 외친다. 기력이 없어 직접 드시지 못하는 환자는 배식을 마친 후 돌아와 먹여드려야 했다. 배식을 마치고 나면 방호복 안에 입은 수술복이 땀으로 흠뻑 젖는다. 숨도 가쁘고 고글에는 김이 서려 앞이 잘 보이지 않는다. 그때 한 간호사가 다가와 뭔가를 건넨다. 냉동실에서 꺼낸 아이스 팩 두 개였다. "교수님, 하나는 머리에 이고, 하나는 가슴에 안고 계세요." 간호사들이 병동에서 열을 식히는 빙법이었다.

혐오와 낙인이 아닌 애정과 연대로

"11호실 할머니, 댁으로 가신다며 방금 짐 싸서 나가셨어요." 같은 병실 환자분이 급히 다가와 알려주었다. 병실로 달려갔다. 할머니도 안 계시고, 할머니 신발이랑 가방도 보이지 않았다. 약간의 치매 증상이 있고 집에 가고 싶다는 말을 되풀이해 걱정됐던 분이다. 간호사 교대 시간에 병동에서 빠져나가신 듯했다. 내가 나설 수밖에 없었다. 다른 병원에서 온 간호사들은 병동 구조를 잘 모르기 때문이었다. 10여 분간 여기저기를 뛰어다니다 1층 영상의학과 근처에서 할머니를 발견했다. "집에 갈 거야. 너무 답답해"라고 말하시는 할머니를 설득해 다시 모시고 왔다.

"4호실 할머니 상태를 한번 봐주세요." 명이 떨어졌다. 폐렴이 극심해 중환자실에 한 주쯤 계시다가 최근에 일반 병실로 온 할머니였다. 가끔 이상한 말을 하신다고 해 확인해보니 경미한 섬망 증상인 듯했다. 어르신들이 갑자기 중환자실에 입원하면 시간과 장소에 대한 지남력이 떨어져 나타나는 일시적 증상이다. 대부분 퇴원하면 상태가 좋아진다. 확진되었다며 갑자기 격리병동에 입원시키고 가족들은 문병도 올 수 없고 의료진은 무서운 방호복까지 입고 있으니 노인 환자에게 섬망 증상이 나타날 만했다. 병실에 자주 들러 일정한 거리를 두고 이야기를 나누었다. 시간과 장소 등을 인식시켜드리는 것이 하나의 치료법이기 때문이다. 할머니는 다행히 폐 상태가 서서히 좋아졌고, 섬망 증상도 더 빨리 좋아졌다.

매일 오전 10시경이면 바이러스 검사를 위해 환자들이 복도에 줄을 선다. 검사 대상 명단에 있는 환자만 검사를 받을 수 있다. 증상이 없어져야 검사 대상이 된다. 할머니는 한 달간 검사 대상에도 오르지 못했다. 숨을 쉴 때 다소 불편한 증상이 남아 있었기 때문이다. 입원 후 한 달이 넘어서야 바이러스 검사를 받을 수 있었다. 다행히 연달아 두 번 음성이 나와 퇴원 결정이 내려졌다. 병원 출입구 밖에는 아드님이 기다리고 있었다. 두 사람이 재회하는 모습을 바라보다가 돌아서서 다시 격리병동으로 향했다.

중국 우한에서 원인을 알 수 없는 폐렴이 확산하기 시작했을 때의 혐오와 낙인, 차별을 우리는 기억한다. 그러나 얼마 지나지 않아 그와 비슷한 말들이 대구를 향했다. 숱한 미움과 차별의 말들 때문에 대구 시민들도 상처를 입었다. 그러나 그런 말들은 대구, 나아가 우리 사회가 코로나19를 극복하는 데 아무런 도움이 되지 못했다. 현장에서 큰 힘을 주었던 말들은 따로 있었다.

하루는 병원에 키다란 박스 하나가 도착했다. 보낸 사람을 보니 "경기도 안산 은화, 다윤 엄마"라고 적혀 있었다. 박스를 열어보기도 전에 코끝이 찡했다. 은화와 다윤이는 수학여행을 떠난 지 1123일, 세월호가 물 위로 올라오고도 25일이 지나 누구보다도 긴 수학여행을 마치고 엄마 곁으로 돌아온 소중한 딸들이었다. 작별 인사도 없이 먼 길을 떠난 피붙이를 찾겠다며 풍찬노숙으로 3년 5개월을 보낸 두 어머니가 코로나19와 싸우고 있는 의료진을 걱정하며 핸드크림을 보낸 것이다. "함께하는 많은 사람 덕분에 팽목항의 세찬 바람을 견딜 수 있었듯, 지금도 많은 사람이 함께하고 있으니 힘내세요"라고 쓰인 편지가 같이 놓여 있었다. 그날 선별 진료를 마치며 두 어머님이 보낸 편지를 모두 함께 읽었다. 그리고 하루에도 수십 번 독한 소독제로 문질러대서 거칠어진 손에 그분들이 보내준 핸드크림을 발랐다.

간식과 선물, 편지는 이후로도 속속 도착했다. 마들렌 쿠키를 직접 구워서 찾아온 분, 수정과와 식혜를 직접 만들어 보낸 분, 내의를 수백 벌 준비해준 분, 새벽부터 연잎밥을 정성스럽게 만들어 따뜻할 때 전해야 한다며 대전에서부터 달려온 분…… 다 헤아리기도 힘들 정도였다. "코로나 환자 치료하다가 선생님이 아프면 안 돼요!" 어린아이가 보내온 동영상은 나를 울컥하게 만들기도 했다. 의료진을 향한 국민의 염려와 사랑을 느끼고, 또 느꼈다. 의사들

포스트 코로나 사회

은 국민을 실망시킨 적이 한두 번이 아니었지만, 그런 우리를 염려해주고 사랑해주는 모습을 보며 감사한 마음과 죄송스런 마음이 교차했다. 과연 의사들은 그동안 국민이 아플 때 함께 아파하고, 사회가 병들 때 함께 싸워왔는가. 스스로에게 물었다. 코로나19가 진정되어 병원으로 돌아가게 된다면 더욱 '좋은 의사'가 되어야겠다는 다짐을 하고, 또 했다.

중증 폐렴으로 중환자실에서 위기를 맞았지만 잘 극복하고 2주 전 퇴원한 할머니가 외래 진료실로 찾아오셨다. 퇴원 후 자가격리를 하던 2주 동안 너무 보고 싶었다며. '방호복을 입고 있던 의사가 뭐 그리 보고 싶으셨을까?'라는 생각이 들면서도 기분은 좋다. 퇴원하신 후 안색도 더 좋아지고 표정도 한결 밝아진 것 같아 기뻤다. 할머니는 가방 깊숙한 곳에서 무언가를 주섬주섬 꺼냈다. 고이 접은 손편지였다. 함께 온 아들이 웃으며 말했다. "어머니가 며칠 전부터 저 편지만 붙들고 계셨어요."

"교수님 前, 교수님과 헤어지며 수고하셨다는 인사도 못 드리고 저 퇴원하는 것만 즐거워했어요. 40일간의 정성에 보답할 길이 없어 저는 부족한 글을 씁니다. 뜨거운 정성을 잊을 수가 없어요. 병마와 싸우는 환자에게 명의가 되어주세요. 건강을 빌며 진심을 전합니다."

박철현

사요나라,
니폰

시간이 아주 많이 흘러야겠지만, 후세의 일본 역사가들은 아마 2020년을 쇠국衰國의 터닝포인트로 기록할 것이다. 근원을 거슬러 올라가면 2011년 발생한 동일본대지진과 후쿠시마 원전 사고가 등장할 텐데, 학습 효과를 감안한다면 2020년은 악몽 그 자체라고 할 수 있다. 선진국은커녕 정상적인 민주주의 사회라고 부를 수 없는 행태들이 속속 등장했다. 물론 이 행태들도 일본사회의 습속상 충분히 나올 수 있는 것이지만 문제는 부정적인 요소가 모조리, 한꺼번에 튀어나왔다는 점이다. 무엇보다 일본사회가 이 문제들을 개선시켜나갈 사회적·정신적 동력과 의지를 가지고 있지 않다는 점이 적나라하게 확인됐다.

다시 한번 일본의 코로나19 대처 상황을 개괄 정리해보자.

2020년 1월 16일 가나가와현에서 최초로 코로나19 확진자가 나왔다. 하지만 일본 정부는 아무런 조치를 취하지 않았고, 언론도 중국 우한 이야기만 했다. 2009년 일본 내 사망자 199명을 낸 코로나 계열 바이러스인 인플루엔자 A(신종플루)와의 비교는 거의 이뤄지지 않았다. 국제적 주목을 끈 것은 크루즈선 다이아몬드프린세스 호가 2월 3일 요코하마 항에 정박하면서부터였다. 선내의 집단 감염이 염려되지만 하선 시 수용할 공간이 없다는 점, 섬나라島國의 특성을 살린 일본 정부의 해외 발 감염병 방역 대책 미즈기와 水際(원천 차단) 정책에 따라 승무원과 승객을 선내에 머무르게 하면서 유전자증폭PCR 검사를 실시했다. 이들의 최종적인 하선은 3월 1일 완료됐다. 그 결과 크루즈선의 전체 탑승자 3600명 중 712명(무증상자 300여 명 포함)이 대부분 선내에서 감염됐다. 일본 정부의 비극은 여기서부터 시작됐다.

먼저 잘못된 정책 선택이었다. 아베 내각은 크루즈선이 정박하자마자 미즈기와 대책을 꺼내들었다. 하지만 일본은 첫 확진자가 나온 1월 16일부터 크루즈선이 요코하마 항에 정박한 2월 3일까지 18일 동안 도쿄, 가나가와, 나라, 홋카이도, 오사카, 미에, 교토, 지바 등 전국 8개 지역에서 열한 명의 감염자가 이미 나온 상태였고, 이 가운데 다섯 명은 역학조사가 제대로 이뤄지지 않아 2차 감염에 대한 우려가 있었다. 내륙에 이미 감염 경로 파악이 안 된 전염병이 발생한 상황에서 미즈기와 대책은 그 효용성이 현저히 떨어진다. 설상가상으로 근본적으로 부족한 일본의 공중보건 인프라가 크루즈선으로 전면 투입되면서 내륙지역의 감염 경로 파악은 더더욱 힘들어졌다.

두 번째 실패는 크루즈선에서 얻은 데이터를 활용하지 못했다는 점이다. 앞서 언급했듯 일본 정부는 정책상 실수는 있었지만 전 세계적으로 둘러봐도 빠른 시기에 해당되는 2월 중순에 이미 확실한 감염자 데이터, 이를테면 3600명 중 712명이 감염됐고, 그중 300명이 무증상자이며, 130명은 경증 이상으로 발전했다는 데이터를 얻을 수 있었다. 이 데이터는 후에 코로나19 바이러스의 특징인 무증상자 및 경증자가 감염자의 80퍼센트이며, 중증으로 발전하는 이들은 감염자의 약 20퍼센트에 해당된다는 사실과 거의 일치한다. 아베 정권은 이를 바탕으로 방역 대책을 세웠어야 했다. 하지만 일본 정부는 18일간 바이러스 배양소라는 오명을 들어가며 막대한 시간과 희생을 통해 얻은 소중한 경험을 살리지 못했다. 오히려 이 크루즈선에서의 경험이 공포로 바뀌어 '의료 붕괴'가 핵심 키워드로 등장했고, 이 단어는 줄곧 방역 정책의 발목을 잡게 됐다. 물론 아베 정권이 이런 의료 붕괴 이데올로기를 조장한 측면도 있다. 그때만 하더라도 도쿄올림픽·패럴림픽을 예정대로 치르고자 했기 때문이다.

이를 단적으로 보여주는 것이 내각 산하 '신형코로나바이러스감염증 대책본부'(이하 '전문가회의')의 초기 방역 정책이다. 최초 확진자가 발생하고 한 달 뒤인 2020년 2월 16일 처음으로 소집된 전문가회의는 2월 25일 다음과 같은 「신형코로나바이러스감염증 대책의 기본 방침新型コロナウイルス感染症對策の基本方針」을 발표한다.

신형코로나바이러스감염증에 대하여 지금까지 미즈기와 대책을 강구해왔지만, 현재 국내의 복수 지역에서 감염 경로가 불분명한 환자가 산발적으로 발생하고 있으며, 일부 지역에서는 소규모 환자 클러스터(집단 감염)가 파악되고 있는 상태가 되었다. 하지만 현시점에서 아직은 대규모 감염 확대 지역이 있다고 할 수 없다. 감염 유행을 조기에 종식시키기 위해서는 하나의 클러스터가 다음 클러스터를 만드는 것을 차단하는 일이 지극히 중요하며, 이를 위해 철저한 대책을 마련해야 한다. 또 이러한 방역 대책으로 환자 증가 속도를 가능한 한 늦춰야 한다. 이와 함께 지금 시기는, 앞으로 국내에서 환자 수가 급증할 것에 대비해 중증자 대책을 중심으로 하는 의료인프라 구축 등 필요한 체제를 준비하는 기간이기도 하다.

아베 정권은 전문가회의의 이 기본 대책 보고서를 신봉했다. 하지만 역설적이게도, 보고서는 크루즈선의 경험을 선혀 살리지 못했다. 무증상자가 300여 명이 나왔고, 이들이 2차, 3차 감염을 일으킬 수 있다는 사실이 크루즈선의 데이터로 증명됐다면 적극적인 유전자증폭 검사를 통해 감염자를 추려내는 작업이 선행되었어야 했다. 하지만 전문가회의는 크루즈선에 대한 미즈기와 대책이 잘못됐고, 육지에서 추가 감염이 일어나고 있다는 사실을 인정하면서도, 엉뚱하게 '클러스터 부수기'를 중심으로 하는 방역 대책을 제안했다. 물론 이들은 클러스터 대책을 시행하는 기간 동안 중증 환자가 대량 발생할 경우에 대비해 각종 의료인프라 구축을 해두는 것이 좋다는 제언도 했지만, 의료인프라와 관련된 아베 신조 총리의 국회 답변을 보면 2월이나 5월이나 거의 달라진 게 없다. 이 기간 동안 정부 차원에서 특별한 대책을 세우거나 의료인프라 구축을 하지 않았다는 뜻이다.

이를 우려한 민간의 조언, 혹은 선의는 묵살됐다. 손 마사요시 소프트뱅크 회장의 유전자증폭 검사 키트 기부 제안은 의료 붕괴를 초래한다는 비판을 받아 철회됐고, 드라이브스루도 효용성 문제를 걸고넘어지면서 중앙정부 차원에서는 받아들여지지 않았다. 중앙정부가 이런 식이고, 또 유전자증폭 검사가 아닌 클러스터 대책으로 방역 방침이 정해지다보니, 확진자 수는 적게 나올 수밖에 없었다. 국민도 '일본은 괜찮은가보다'라는 잘못된 인식을 갖게 됐

다. 3월 6일부터 실시된 아베 총리의 급작스러운 공립 초·중·고등학교 일제 휴교 요청이 엄청난 혼돈을 야기한 이유가 여기에 있다. 문제없이 잘해가고 있다면서 갑자기 왜 휴교령이, 그것도 일본 정부의 오랜 관행인 부처 간의 사전 조율根回し도 없이 급작스럽게 발표됐는가 하는 의문이 제기됐다. 문부과학성과 일선 교육기관은 물론 맞벌이 가정은 휴교령 발표에 엄청난 충격을 받았다. 그제야 일본 내에도 이미 코로나바이러스가 널리 퍼져 있는 것은 아닐까 하는 의심이 본격화되기 시작했고, 이는 3월 25일 확정된 도쿄올림픽·패럴림픽 1년 연기 발표, 그리고 같은 달 29일 국민 코미디언 시무라 켄의 코로나19로 인한 사망으로 정점을 찍었다. 그 이후는 설명이 필요 없을 정도로 엉망진창인 나날을 보내야 했다.

대표적인 예가 긴급사태 선언이다. 4월 1일에 이 말이 처음 나왔는데, 실제로 발령된 것은 4월 8일이었다. 일주일 동안 회의를 엄청나게 해댔다. 일본 언론에 보도된 것만 하더라도 긴급사태 선언과 관련된 공식 회의가 총 다섯 차례나 있었다. 누가 봐도 '긴급'하지 않다. 게다가 이 회의들도 결국 합의에 이르지 못해 4월 8일 중앙정부가 7개 도부현(도쿄, 오사카, 지바, 가나가와, 사이타마, 효고, 후쿠오카)을 대상으로 긴급사태 선언을 발령했지만, 해당 지역 자치단체장들이 중앙정부의 방침에 반발해 선언의 핵심인 '휴업 업종' 지정을 사흘 동안 미뤄버리는 상황이 발생했다.

4월 30일 최종 통과된 보정예산안(추경예산)도 문제투성이다. 코로나19 사태가 종식된 후에나 쓰일 법한 예산들, 이를테면 관광청의 '고 투 트래블Go to Travel 여행권', 농림수산성의 '고 투 이트Go to Eat 외식상품권', 환경성의 '워케이션Worcation'(work와 vacation의 합성어로 국립공원을 만끽하자는 프로젝트) 등의 정책에 적게는 30억 엔, 많게는 1조5000억 엔 단위의 예산이 책정된 것이다. 아베 총리가 가구당 2매씩 보낸다는 면마스크 정책에 460억 엔을 편성했고, 정부와 수의계약을 맺은 면마스크 사업자 가운데 자본금 1000만 엔짜리 영세 기업 '유스비오'가 5억2000만 엔 규모의 사업을 따냈다는 사실도 밝혀졌다. 대형 정치 스캔들로 비화될 조짐이 보이는 상황에서도 아무렇지도 않게 족의원族議員*들의 로비가 들어간 것이 확실시되는 예산 편성이 최종 결정된 것이다.

이 결정은 어떻게 생각해도 모순적이다. 일본 정부는 긴급사태 선언으로 불요불급의 외출은 자제해달라며, 당초 5월 6일까지로 예정되었던 이 선언을 5월 31일까지로 연장했다. 당연히 외출은 자제되고, 자영업자들의 활동은 더더욱 위축될 수밖에 없다. 도쿄 상공리서치에 따르면 코로나19의 영향으로 도산한 기업이 100곳에 달하며, 5월에는 더 많은 기업이 도산할 것으로 분석됐다. 기업

---

* 업계의 이익 보호를 위해 관계 관청에 강한 영향력을 행사하는 국회의원.

활동의 연쇄성을 생각한다면 이 수는 기하급수적으로 늘어날 수 있다. 기업 분석을 전문으로 하는 데이코쿠데이터뱅크는 이 상황이 6개월간 지속될 경우 매월 50만 개 이상의 기업이 도산할 수 있다는 분석을 내놨다. 이러한 긴급 상황에서 언제 종식될지 모르는 미래에 대비해, 사람들이 외출을 해야만 성립이 가능한 예산을 편성한다는 것은 모순이다. 이 예산을 지금 당장이라도 도산 위기에 몰려 있는 기업, 그리고 일자리를 잃어 극단적인 선택을 할지도 모르는 사람들에게 우선적으로 써야 한다. 하지만 아베 정권은 이러한 예산 편성이 정당하다는 주장을 펼치며 결국 통과시켰다.

정책 결정상의 실수는 어느 정부라도 한다. 하지만 아베 정권은 여타 정권과는 다른 근본적인 문제를 지니고 있다. 바로 '인정과 사과'에 있어서다.

첫 확진자가 발생한 1월 16일 이후 지금까지 온갖 실수와 스캔들을 반복해왔지만 이 정부는 단 한 번도 자신들이 잘못했다는 말을 하지 않았다. 유전자증폭 검사를 확대하면 의료 붕괴가 온다더니, 지금은 유전자증폭 검사를 하지 않아서 의료 붕괴에 직면해 있다. 세계에서 가장 까다로운 유전자증폭 검사 기준을 세워놓고, 이 요건을 만족하지 않으면 증상이 나타난다 하더라도 검사를 받지 못하도록 했다. 무증상자, 경증자가 전파자가 될 수 있다는 데이터를 2월 초 크루즈선 감염 실태를 통해 얻었음에도 불구하고 말이다. 그러다보니 확진율이 어마어마하다. 2020년 4월 현재 전국 평균 10퍼센트대의 확진율을 계속 유지하고 있으며, 도쿄는 30~40퍼센트의 확진율을 기록하고 있다. 검사를 받으면 두세 명 중 한 명이 확진자 판정을 받으며, 이들 중 60~70퍼센트는 감염 경로가 불분명하다. 초기 방침이었던 '클러스터 부수기' 정책이 실패로 돌아갔다는 것이 증명된 셈이다. 그렇다면 누군가가 잘못을 인정해야 하는데 아무도 책임을 지려 하지 않는다. 전문가회의가 2월 25일 최초 보고서를 통해 제언했던 인프라 구축도 2개월 동안 전혀 이뤄지지 않았다. 아베 총리는 4월부터 하루 2만 건의 유전자증폭 검사가 가능하다고 공언했지만, 5월에 접어들어서도 하루 1만 건을 달성하지 못하고 있다. 정부가 손을 놓은 사이 무증상자에 의한 병원 내 감염이 늘면서 의료 기능이 마비됐다. 코로나19 지역상담센터는 전화 연결 자체가 되지 않는 경우도 허다하다. 그 결과 긴급사태 선언 중임에도 불구하고 길거리에서 사망하거나 의료 혜택을 받지 못해 자택 요양 중에 사망하는 사례가 나오고 있다. 한두 명이 아니다. 전국적으로 스무 명에 달하며 앞으로 더 늘어날 것이다. 명백한 '의료 붕괴'로 인한 사망이다. 아베 정권은 여전히 사과하지 않았으며, 심지어 거짓말까지 하고 있다.

아베 총리는 3월 말 통상국회에서 제외국과 비교해 사망자 수가 적은 데 대해 묻는 야당 의원의 질의에 "폐렴으로 숨진 분들에 대해서는 모두 컴퓨터단층CT 촬영을 실시하고 판독 결과 코로나 19 감염이 의심되는 분들은 유전자증폭 검사를 따로 실시한다"라고 답했다. 하지만, 이후 도쿄도의 발표로 3월 한 달간 의료기관에서 폐렴으로 사망한 환자들의 사후 유전자증폭 검사 건수는 세 건에 불과하다는 사실이 발각됐다. 일본 내 폐렴으로 인한 사망자 수는 1년 평균 10만~12만 명으로 집계된다. 도쿄 인구는 일본 전체의 약 10퍼센트를 차지하므로, 다른 요소를 고려하지 않고 거칠게 나누면 1년에 1만~1만2000명, 한 달에 1000명 가까이가 폐렴으로 사망하는 셈이다. 그들 가운데 유전자증폭 검사를 받은 사람이 불과 세 명이라는 뜻이다. 도저히 이해가 가지 않아 직접 미쓰이기념병원 관계자에게 확인해보았다. 폐렴 사망자의 사후 CT 검사 실시율 자체가 30퍼센트에도 미치지 못한다는 답변이 돌아왔다. 대형 종합병원이 이 정도라면 일반 규모의 병원이 CT 검사를 할 가능성은 더더욱 낮을 것이다. 문제는 CT 검사를 하지 않으면 유전자증폭 검사를 할 필요가 없어진다는 점이다. 이런 와중에 가나가와현에서 장의업을 운영하는 와코장의사和光葬儀社의 와타나베 대표는 후지TV의 뉴스 정보 프로그램 「굿디」(2020년 4월 22일 방영분)에 출연해 3월 한 달간 폐렴으로 인한 사망자의 시신이 예년에 비해 세 배로 늘었다고 주장했다. 현장의 목소리를 종합하면, 일본 정부가 발표하는 사망자 통계는 믿을 수가 없다.

하지만 아베 총리는 하루 2만 건의 유진자증폭 검사를 실시하고 폐렴 사망자 전원에 대해 CT 촬영을 하겠다는 말이 거짓말임을 한 번도 인정하지 않았다. 오히려 적반하장의 태도로 일관한다. 내각의 이인자인 스가 요시히데 관방장관은 정례 기자회견에서 자택 요양 중인 환자 수 및 상담센터 접수 건수, 각 지역의 요양 시설 실태를 중앙정부 차원에서 파악하지 않고 있다고, 즉 모른다고 말했다. 긴급사태 선언을 5월 말까지 연장하겠다는 발표가 나온 뒤 가진 4월 29일 참의원 예산위원회의 질의응답에서 모리 유코 국민민주당 의원은 아베 총리에게 "지금 국내의 감염자는 몇 명이고 그것이 어떻게 됐기에 긴급사태 기간을 5월 말까지 연장하는지 그 근거를 말해달라"라고 질의했다. 아베 총리는 "그런 질문은 사전에 받지 않았다"면서 "에, 그것이…… 그러니까……"라며 제대로 된 답변을 내놓지 못했다. 아무리 일본 국회가 사전 조율을 한다고 해도 국회 속기가 계속되는 와중에 나온 아베 총리의 이 같은 답변은 당 내외에 파문을 불러일으킬 수밖에 없었다.

그 배경엔 일본 국회의 독특한 관례가 있다. 통상 국회 회기 중의 질의응답은, 야당 의원들이 어떤 질문을 할 것인지 미리 내각에 제출한다. 그러면 각 소관 부처 관료들이 질의에 대한 답변을 준비해 대신에게 전달한다. 또한 답변을 작성한 관료는 보통 이튿날 열리는 상임위에 동석한다. 대신이 제대로 답변하지 못할 경우 답변을 안내하기 위해서다. 질의가 오가는 와중에 미리 받지 못한 질문이 나오면, 상임위원장이 '속기 중단'을 지시하고 양쪽 간사를 불러 모아 교통정리를 한 후 다시 진행한다. 그러나 총리의 이날 발언은 속기를 멈추지 않은 상태에서 나왔기 때문에 영원히 남게 됐고, 정계는 물론 국민의 분노를 샀다. 노정객 오자와 이치로는 "아베 총리는 아무 생각 없이 말하는 것 같다"며 일침을 놨고, 평소 자민당을 지지하는 네티즌으로 가득한 '야후! 재팬' 댓글난은 국회 질의응답이 사전 조율된다는 사실조차 몰랐다는 고백으로 가득 찼다. 일본 국민이 얼마나 정치에 무관심했는가를, 아베 총리가 역설적으로 증명한 셈이다.

어떻게 이렇게까지 무능할 수 있는지 한국 독자들은 이해가 잘 안 갈 것이다. 대통령제 시스템이라면 탄핵 사유에 버금가는 스캔들도 포함돼 있다. 의료시스템은 붕괴됐고, 수십 명의 변사자가 나왔다. 요양시설이 없어 자택에 대기한다. 그런데 대기자를 포함한 감염자가 얼마나 있는지 정권의 핵심 권력자 아베 총리와 스가 장관이 모른다. 도산 위기에 몰린 기업에 대한 정책적 지원은 언 발에 오줌 누기다. 내가 경영하는 3년 차 인테리어 회사가 힘들어 4월 말에 일본금융정책공고에 금융지원 신청을 하니 지원자가 너무 많아 6월에나 심사가 끝난다고 한다. 그럼 5월은 자동 휴업이다. 물론 쉬는 건 좋다. 그런데 휴업을 요청해놓고 지원은 없다고 말한다. 누구의 잘못도 아닌 국가적 위기를 극복하기 위해 휴업을 요청한다면 그에 따른 보상을 해야 한다. 모든 선진국이 그렇게 하고 있는데 일본만 하지 않는다. 오히려 먹고살기 위해 문을 여는 가게가 보이면 경찰과 구청 직원, 국세청 직원이 찾아가 무언의 압력을 가한다. 소문이 퍼지면 '바이러스 온상지'라며 집단 괴롭힘을 당한다. 누가 봐도 말이 안 되는 상황이지만, 일본 국민은 행동하지 않는다.

4월 26일 열린 중의원 시즈오카 4구 보궐선거에서 자민당 신인 후보 후카자와 요이치는 6만6881표를 획득했다. 야당 단일 후보 다나카 겐은 3만8566표에 그쳤다. 압도적 표차로 자민당 후보가 당선됐다. 1월부터 4월까지 아베 정권의 숱한 문제가 발생했는데도 말이다. 물론 많은 일본인이 아베 정권을 비판하지만, 현실은 바뀌지 않는다. 정치는 남의 일이다. 일본인들의 정신은 이미 그렇게 고정되었다. 그렇기 때문에 일본에는 더 이상 희망이 없다. 잃어버린 30년은 정체가 아닌 퇴보의 시간이었고, 지금은 가파른 쇠락의 비탈길을 빠른 속도로 질주하고 있을 뿐이다.

사요나라, 니폰.

김민아

고립과 싸우는
우리 각자의 심리

이봐요, 이봐요 나는 여기서 떨어지고 있어요,

거기는 괜찮은가요, 괜찮게 떨어지고 있나요. 외롭지 않나요.•

우산 없이 비를 맞다

가정형편이 어려운 아이들이 모두 애어른이 되는 건 아니지만, 경
희 씨는 그랬다. 어려서부터 부모 마음 헤아릴 줄 알던 조숙한 아
이. 자투리 아르바이트에 시간을 허비하느니 단번에 합격하는 게

• 황정은, 「낙하하다」, 『파씨의 입문』, 창비, 2012, 76쪽.

낫다고 생각했다. 착실하게 준비한 덕에 외국어도 원하는 점수에 맞춰두었고 그 후론 당일 시험 준비에만 몰두했다. 염두에 둔 회사는 3월이면 모집 공고가 떠야 했지만 올해는 신규 채용이 없을지도 모른단다.

용수 씨는 손님들 머리만, 적어도 1만 번은 감겼을 것이다. 아무렴 손님 머리 감기려고 미용을 꿈꿨을까. 독한 파마약 때문에 피부질환을 달고 살면서도 번듯한 헤어디자이너가 되고 싶었다. 2020년 2월, 6년간의 '시다' 생활을 접고 미용실 원장님이 되었지만 개업한 지 일주일 만에 손님이 뚝 끊겼다. 매장 인테리어에 들어간 대출금만 3000만 원. 열심히만 하면 언제쯤 원금도 갚을 수 있겠단 계획까지 다 세워뒀는데…… 그는 요즘 잠을 잘 이루지 못한다.

10년 전, 마흔이 다 돼 결혼한 후 이듬해에 본 아이. 이관 씨는 아이가 제도권 교육에 너무 치이지 않길 바라며 입학할 학교도 먼저 둘러봤다. 그러나 생애 최초로 가는 학교가 온라인 공간이라니. 아이는 한동안 "아빠, 학교는 언제 갈 수 있어요, 도대체?"라고 줄기차게 물어대더니 이제 더는 묻지 않는다. (아이는 말끝마다 '도대체'를 붙여 쓰곤 한다.)

본격적으로 취업 전선에 뛰어들려던 경희 씨, 흔히들 말하는 '경기 타는' 자영업자가 된 용수 씨, 그리고 어째서 개학이 미뤄지기만 하는지 모르겠는 이관 씨의 아이까지 모두 거짓말처럼 멈춰버린 공간에 진입했다. 서로 다른 이들을 하나로 묶어주는 공통분모 '코로나19'는, 백신과 치료제 없는 세상에서는 돈도, 기술도, 지식도, 만반의 준비도 무용함을 일깨워주었다. 조금 이른 감이 있지만 2020년 1월 말부터 이 글을 쓰고 있는 4월 말의 오늘까지 100여 일 동안의 분주했던 나날을 거칠게라도 돌아볼 수 있을까. 벌써 기억에 자리 잡은 일들은 무엇이 있을까, 라고 쓰고 5월 초에 이 글을 출판사에 넘겼다. 2주가 지나 편집자가 보내온 교정지를 다시 읽어보는데, 벌써 이 글은 낡아 있다. 나는 코로나19가 찾아온 후 '우리, 각자'가 겪고 있는 고립과 심리적인 불안에 대해 주마간산 격으로나마 그려보려 했지만, 지금은 이마저도 자신이 없다.

거의 모두가 고대해온 개학이 또 연기됐다. 사회적(물리적) 거리두기가 막바지에 이르던 5월 초 황금연휴가 지나자 코로나19는 몸집을 불려 '이태원 클럽' '수면방' 같은 좀더 명확해진 꼬리표를 달고 나타났다. 이 바이러스는 싱어송라이터 레니 크래비츠의 「It Ain't Over Til It's Over」라는 노래 제목 그대로, 끝날 때까지는 끝난 게 아니라고, 아니 어쩌면 우리 곁을 영영 떠나지 않겠다고 경고하는 것 같다. 그러면서 (이단)종교를 지나 클럽이나 유흥시설처럼 세인들의 혐오와 낙인의 대상이 되기 쉬운 공간에 침투해 '나는 죽도록 힘들었는데, 너는 즐거웠다고?'라는 식의 공분을 정당하게 만들고 사람들 사이에 끼어 분열을 조장한다. 사회적 거리두기는 준수하지만 마음만은 멀어지지 말자던 모두의 눈물겨운 노력은 이렇게 물거품이 되고 마는 걸까.

코로나19는 여전한 현재라서, 우리는 도리 없이 지난 2월을 돌아봐야 한다. 이 바이러스는 지금보다 '더 어두운 자리들'에 이미 깃든 적이 있고, 지금 이 순간에도 '열일' 중이기 때문이다.

2월 29일. 한국의 확진자 수는 그날 하루만 909명을 기록했다. 언론은 이를 두고 "최고점을 찍었다"고 했는데, 그로부터 3월 한 달 동안 확진자는 매일 100명에서 600명 사이를 오갔다. 사람들은 마스크를 사겠다고 새벽부터 줄을 섰고, 확진자 동선과 사적 정보는 실시간으로 온라인에 퍼져나갔다. 확진자가 걷잡을 수 없이 늘어난 데는 이단이라 불리는 종교가 있었고, 그 교주는 서울시로부터 살인죄로 고발을 당하기도 했다. 확진자가 집단 발생한 대구를 봉쇄해야 한다는 목소리가 높았지만 전국의 의료진들은 아랑곳없이 대구로 달려갔고, 고립감을 느꼈을 그 도시에 전국에서 밀려든 구호품과 성원이 답지했다. 개학이냐 휴교냐, 개학한다면 언제쯤이냐는 재학생을 둔 가족들의 초미의 관심사였다. 야당은 제대로 대처하지 못하는 정부와 여당을 선거로 심판해달라 목소리를 높였고, 심판 운운이 못마땅한 이들은 그만하면 잘하고 있다고 옹호했다. 이 모든 일이 마치 눈에 보이는 비처럼 실시간으로 쏟아져 내렸다. 온갖 정동의 출렁임 한가운데서 우산 없이 서 있어야 했던 사람들은 이게 뭘까 싶은 두려움에, 갇혀 있다는 외로움에, 나보다 더 고통받는 이들이 있다는 안타까움에, 사람들이 죽어나가고 있다는 슬픔에, 그리고 이름 모를 의료진들이 헌신하고 있다는 감사함에 흠뻑 젖었다. 그렇게 복잡한 심사 속에서, 특히 고통받았고 지금도 고통받고 있는 사회경제적 취약계층은 조금만 더 버텨보자는 다짐과 모든 것을 놓아버리고 싶은 체념 사이를 오가느라 몹시도 고단했으리라. 이런 와중에도 우리는 어떻게 일상을 꾸려나갔고, 어떤 불안을 느꼈으며, 어느 환부를 더 아파했을까.

재난이 된 일상에서 우리는

마스크 정도론 어림없다는 듯 바이러스는 국가 간 경계를 허물고 민족(성)을 비웃으며 운송장 번호(송장이라니)를 각국에 배송했다. 세계보건기구WHO에 따르면 건강은 단지 질병이 없거나 허약하지 않은 상태가 아니라 육체적·정신적·사회적으로 안녕한 상태를 말하지만, 이제 지구촌은 고르게 안녕하지 못한 상태에 처했다. 전 세계가 함께 앓는 동시대적 질병이라는 게 그나마 위안이 겠으나, 각국은 똑같이 받아든 오픈테스트를 함께 풀려는 협력과 연대의 국제 공조는 하지 않고 저마다 대문을 걸어 잠그기 바빴으니, 불안한 개인이 의지할 데라곤 좋든 싫든 제 나라 정부뿐이었다.

한국사회는 5년 전 메르스를 통과하며 정부의 무능한 방역 시스템과 컨트롤타워 부재를 경험했다. 그때와 견주어보면 이번에는 질병관리본부도, 혹시나 했던 정부도, 비협조적일 것 같던 사람들도 놀랄 만큼 각자의 영역에서 제 역할을 하고 있었다. 특히 사람들은 자발적(?)으로 정부 방역 지침을 잘 따랐기에 "한국 같은 나라, 또 없습니다"라는 외신의 찬사가 끊이지 않았다. 외신이라는 타자가 지켜보고 있다는 사실은, 해야 한다는 말밖엔 할 줄 모르는 우리 안의 초자아를 더욱 부추기는 것 같았다.

한 가지 사안에 대해 이토록 깊고 넓게 전문가 브리핑을 들은 적이 있었을까. 가짜 뉴스도 많았지만 사람들은 다양한 경로를 통해 감염병 정보를 취사선택했다. 방역법에 더불어 바이러스에 대해서라면 저마다 한마디씩 보탤 수 있게 된 우리는, 생태를 마음대로 짓밟고 서식처를 빼앗아버린 침입자가 과연 누구냐, 아무렴 박쥐와 돼지와 낙타가 인간을 멸하기로 마음먹었겠느냐, 터전을 잃은 그들이 개체 수가 가장 많은 '나'라는 인간 종種에 깃든 것뿐이다…… 등등 인수공통 전염병이 어째서, 어떻게 우리에게 왔는지를 점차 알게 됐다. 2차 대유행도 짐작되는 상황이라면, 이제 바이러스와 함께 살아가는living with virus 방식을 조심스럽게 모색해봐야 한다는 이들도 있었다.

일상이 된 재난. 이 생활 속에도 '루틴'은 자리 잡아서 사람들은 외로움과 우울함을 더는 법, '방콕'하면서도 혼자서 잘 노는 법을 자체 제작해 온라인에 공유했다. 다 함께 사회적 거리두기를 잘 지키면서 위기를 극복해나가자는 내용을 담은 '코로나 송'과 '혼쇼'들은 얼마나 자주 타임라인을 장식했던가. 개학 연기에 처음엔 환호했던 학생들도 연장되기만 하는 휴교에, "그렇다고 이렇게 오랫동안 '담탱이'와 친구들을 못 볼 일인가"라며 학교를 그리워한다는 이야기가 들렸다. 어떤 고립은 고독이기도 해서 이 시기를 평소 그토록 바라던 관계 거리 조정 기간으로 받아들이고 있다는 이도 있었다. 감염에 대한 두려움은 여전해도 개개인의 대응은 저마다의 방식으로 차분해졌달까.

그럼에도 스스로 가두는 것과 가둬지는 건 다르기에 이제야 우리 영혼은 도대체 생명은 무엇인가를 질문하기 시작했다. 삼척에는 축구장 넓이의 7.8배인 5.5헥타르에 달하는 유채 꽃밭이 있다. 해당 지자체는 올해는 다 아는 이유로 축제가 취소됐으니 들어오지 말라는 바리케이드를 세웠다는데, 없으면 몰라도 있으면 넘고

포스트 코로나 사회

싶은 게 선이라 상춘객들의 발길이 끊이지 않았다. 그러자 트랙터 세 대가 멀리서 보면 노란 물결처럼 보이는 흔들리는 '봄'을 마구 짓이기고 지나갔다. 사람들은 손 잘 씻고, 마스크 꼭 쓰고, 사회적 거리를 두고, 불필요한 모임을 삼가라는 똑같은 방역 지침을 잘 따르고는 있지만 봄이나 꽃 같은 생기와 향기 앞에서는 아무래도 긴장이 풀렸다. 백화점이 1년 내내 정기 세일을 하면 그냥 제값 다 받는 거구나 짐작하는 것처럼, 아무 때고 울리는 긴급 재난 문자와 석 달이 넘도록 이어지는 '특보'는 더 이상 우리의 말초신경을 자극하지 못했다. 코로나 대란 없는 나라, 사재기 없는 나라, 한국이 잘한다는 칭찬, 그걸 뿌듯해하는 '국뽕 놀이'도 재미없고 그저 이전으로 돌아가고만 싶었다.

뭔가 석연치 않고, 매일 조금 불쾌했다

인류는 자유에 대한 갈망으로 여기까지 왔지만, 우리나라 국민이 헌법상의 기본권을 행사하자면 저 유명한 헌법 제37조 제2항의 제한을 받는다. 이 조항에 따르면 자유권 행사는, 국가 공동체 내에서 타인과의 공동생활을 가능하게 하고 다른 헌법적 가치나 국가의 법질서를 위태롭게 하지 않는 범위 내에서 이루어져야 한다.

개인의 자유는 국가 안전 보장이나 공공복리를 이유로 제한될 수 있는 것이다. 사회적 거리두기, 불필요한 외출 자제가 나와 타인을 지키는 공공복리라고 할 때, 이 '공공복리'를 어기는 사람들에 대한 각국의 대응은 저마다 달랐다. 이 강한 대비가 어떤 효과를 불러왔다.

중국에서는 코로나 발생을 최초로 경고했던 의사가 거짓 정보로 사회 혼란을 부추긴다며 공안 당국에 소환돼 고초를 겪다 일주일도 못 돼 사망했고, 아프리카 케냐나 인도에서는 자가격리를 어긴 사람들에게 군대에서 하듯 얼차려를 주고 그들의 뺨을 때리는가 하면 심할 경우 그들에게 총을 쏘기도 했다. 이런 '나쁜 국가' 뉴스를 접하고 나면, 그간 사회 안에서 주권을 행사하며 자유의사를 실현하던 시민은 국가의 통치와 지시에 기꺼이 따르려는 얌전한 국민이 된다. 국가는 우리를 살도록 만들거나, 죽도록 내버려둘 수 있다는 자각도 새삼스레 드는 것이다.

푸코는 『안전, 영토, 인구』에서 "주권은 영토의 경계 내에서 행사되고, 규율은 개인의 신체에 행사되며, 안전은 인구 전체에 행사된다"•라고 했다. 이 문장은 2020년 봄, 어느 나라를 막론하고 자국민의 안전을 우선한다는 '합리적인' 명분 아래 사람들의 일상에서

• 미셸 푸코, 『안전, 영토, 인구』, 오트르망(심세광·전혜리·조성은) 옮김, 난장, 2011, 31쪽.

막강한 힘을 발휘했다. 그래서인지 우리는 뭔가 석연치 않고 거의 매일 좀 불쾌했다.

상존하는 불쾌감은 나도 확진자가 될 수 있다는 두려움에서 비롯되는 것 같았다. 코로나 초기 확진자는 말 그대로 탈탈 '털렸다'. 다소 묘연했던 행방도 어느 시간대, 그를 둘러싼 주변의 CCTV가 모두 잡아냈다. 통신사와 신용카드사가 경찰 시스템과 연계해 10분 정도만 조사하면 한 사람의 동선 파악도 끝난다 했다(이태원 '클럽' 조사를 보라). 확진자가 되면 누구와 무엇을 했는지를 따지는 저 사회적 비난과 매장에 영혼이 부서질 것만 같다.• 그럼에도 그즈음 우리는 과거 어느 때보다 매 순간을 복기해보는 버릇이 생겼다. 확진자의 동선이 실시간 정보로 뜨면 그와 나의 동선을 견주어보고 겹치지 않음에 안도했고, 혹시 한 군데라도 의심쩍은 지점이 있으면 그 시간대 나의 행방을 내가 역추적해보기도 했다.

방역 지침이나 자가격리 규칙을 어기는 이들도 출현했다. 정부가 이들에게 전자팔찌를 달겠다고 하자, 여태 시키는 대로 잘해왔는데 꼭 그렇게까지 해야 하느냐는 여론과 위기를 무시하는 '일탈

• 개인정보 노출에 따른 피해와 두려움이 커질수록 감염자는 더 꽁꽁 숨어버릴 것이므로 이후 중앙방역대책본부는 확진자가 접촉한 사람이 있을 때만 방문 장소와 이동수단을 공개하도록 하고, 확진자의 거주지 주소나 직장명 등 특정 정보는 공개하지 않겠다는 기준을 마련했다.

자들'에게 관용은 없다는 강력 처벌 주장이 팽팽히 맞섰다.[•]

명분이야 의심할 여지가 없다 해도 모두의 안전을 위한다는 이유로 위태로운 시도들이 이어지면 걱정이 앞선다. 감염병과 혐오가 하나 되면 끔찍한 차별 바이러스가 생성되듯, 민주화와 정보화가 맞닿으면 투명한 절차라는 민주의 이름으로 얼마든지 특정인을 골라내 곤경에 처하게 만들 수 있기 때문이다.

어떤 '안'은 거리두기가 해제돼도 갇힌 채 잊힌다

재난 상황에서 개인정보 노출 같은 사회적 목숨 운운은 사치일수 있다. 당장 생존을 위협받는 일상의 목숨이 더 위태로운 것이다. 이전에 가늘게나마 작동하던 공적 서비스가 멈추면 돌봄이 꼭 필요한 장애인, 기저 질환자들, 그리고 시설에 갇혀 있는 이들은 일단 '멈춤' 상태에서 고립된다.

신체와 정신에 장애가 있는, 자기 돌봄 자원이 취약한 사람들은 감염병이 아니더라도 위기 상황이 닥치면 가장 먼저 기본권을

• 이럴 때 국가는 국민의 공분을 바람에 태워 강력한 규제의 연을 날릴 수도 있다. 정부는 전자팔찌를 손목밴드로, 다시 안심밴드로 순화했다. 무서운 것을 숨길 때 쓰는 말은 많다. 일례로, 생체실험을 연상시키는 생체에 바이오bio라는 영어로 옷을 입히면 정맥, 홍채, 지문이라는 민감한 개인정보는 건강정보로 바뀐다.

포스트 코로나 사회

침해당할 처지에 놓이기 때문에 타인의 지원이 꼭 필요하다. 그러나 만일 이들 중 한 명이라도 자가격리 대상이 된다면 활동보조인 '서비스' 지원이 끊기고 가족, 대개는 엄마가 생계이자 생존 수단인 '바깥'을 포기하고 집 안으로 들어와야 하는데, 이때 그 '안'에서 순도 높은 국가 재난 사태가 펼쳐지는 것이다.

그뿐인가. 모든 재난 정보는 비장애인과 성인에 맞춰져 있고 '그 외' 사람들은 안중에서 사라진다. 코로나19 발생 초기, 정부 브리핑에는 수어 통역이 없었다. 농아인협회에서 민원을 제기한 후에야 화면에서 수어 통역사를 볼 수 있었다. 한 장애인 활동가는 당시의 감정을, 비장애인이 코로나를 '코로나블루' 정도로 체감한다면 장애인과 취약계층은 '코로나블랙'으로 받아들인다고 표현했다.•

과거에 아팠던 이력, 그 기록으로 현재 생활을 간섭받는 사람, 지금 '긴 병'을 몸에 지닌 만성질환자는 감염병에 더욱 취약했다. 국내외를 막론하고 사망한 사람의 대부분은 나이 든, 기저 질환자였다. 유럽과 미국에서도 기저 질환자들의 사망률이 높았다. 전시戰時도 아닌데 성당에 짐짝처럼 빽빽이 놓인 관과 방치된 시신을, 장례

• "장애인에게 코로나19는 우울감을 넘어 아무것도 없는 암흑지대였다고 말씀드리고 싶다. 코로나블루가 아닌 코로나블랙이었다." 2020년 4월 28일 장애인인권증진토론회에서 이민호 다릿돌 장애인자립생활센터 팀장이 한 말을 빌렸다. '코로나블루'는 코로나19 확산으로 인한 우울감이나 무기력증을 이른다.

문화가 엄숙하다는 이탈리아와 미국에서 2020년에 보게 될 줄 누가 알았을까. 그즈음 나는 아픈 노인들은 어차피 죽을 목숨이고 살 만큼 살았으니 생명 티켓은 젊은이에게 양보해야 한다는 소리를 여기저기서 들었다. 그간 부박하게나마 떠돌던 웰다잉well-dying 이나 존엄한 죽음death with dignity은 아예 자취를 감춘 것 같았다. 죽어가는 타자의 옆에서 그를 위로하며 고통을 공유하는 '죽음 공동체'는 모든 사회적 관계를 벗어난 자리에 있음*을 매일 확인해야 하는 나날이었다.

코로나로 비롯된 팬데믹은 세계 안팎의 경계를 허물었다지만, 팬데믹이 끝난다 해도 결코 무너지지 않을 장벽이 버티고 있는 곳은 어디인가. '대다수' '우리'에게 안에 있으라는 말은 '당분간'이지만, 시설에 거주하는 (중증)장애인들은 거리두기가 해제되어도 밖으로 나오지 말고 계속 안에 있으라는 말을 들어야 할지 모른다. 이미 세상으로부터 단절된 그들은 더는 '격리'된 채로는 살 수 없다. 사는 동안 갇혔던 이들이 죽어서야 세상에 나올 수 있다면 그 '삶'도 살아볼 만했다고 할 수 있을까. 많지는 않아도 수중의 돈으로 자유롭게 버스를 타고, 친구를 만나러 읍내에 가고, 군것질도 하고, 시간제로라도 가끔 일할 수 있었다면 좋았을 테지만, 안에

• 김수이, 「박탈당한 '인간'과 세상, 공동체 밖의 삶―한하운의 시와 '나병'」, 『감염병과 인문학』, 강, 2014, 134쪽.

만 있어야 했다면 말이다. 장애 시설에 거주하는 스물두 살 정희 씨는 미어터지는 한이 있더라도 빽빽한 사람들 속에 머물고 싶다고 말했다.

안에 있으라는 말이 얼마나 무서운 말이냐면, 전 세계적으로 1970년대부터 시설이 아닌 지역사회에서의 삶을 강조해온 장애인 탈시설 정책과 운동, 그 50년의 진척과 시도 들을 일거에 부정하는 말이다. 스웨덴은 오랜 기간에 걸쳐 장애인들이 지역사회에서 자립할 수 있도록 인프라를 갖추면서도 동시에 시설을 폐쇄해왔다. 중증이라는 이유로 마지막까지 폐쇄를 거부해온 시설마저 1990년대 말, 시설폐쇄법을 시행해 일제히 정리했다. 사람들은 '시설' 하면 장애인만 떠올리지만 이곳은 (아픈) 노인, 홈리스, 더 나이 들면 연고 없을 '우리' 모두와 연결돼 있다. 중앙정부가 이 연결성을 깊게 이해하고 강력한 의지로 탈시설 정책을 실행한다 해도, 시설은 지역사회 서비스에 기반해 있으니 장애인의 욕구에 부응하는 서비스는 지자체의 몫이기도 하다. 따라서 중앙정부와 지자체가 시설 거주를 자활이나 보호의 개념이 아닌 주거와 권리에 기반한 복지 개념으로 사고하지 않는 한, 도래하는 감염병 시대에도 시설에 '방역 이상의 서비스'를 기대하기는 어려울 것이다. 감염병 방역은 청소에 가깝다. 청소는 안과 밖에서 안전하고 깨끗하게 살기 위한 전제이지, 삶의 궁극적인 목적이 아니다.

'다시'로는 다시 돌아갈 수 없을지도 몰라

사람들은 유예했던 나날들을 그리워하며 하루속히 '다시' 일상으로 돌아가고 싶다 한다. 그럴 수 있다면 좋을 테지만, 묻고 싶다. 정말 다시, 이전으로 돌아가고 싶은가. 나는 (공장이) 멈추자 비로소 보인, 요사이 청명한 하늘이 너무나 좋아서 다시는 미세먼지 그득한 까만 하늘이 있는 세상으로 돌아가고 싶지 않다. 압축성장의 그늘에 자리 잡은 모순들도 다시는 만나고 싶지 않다. 이를테면 경쟁 속에서 살아남기 위해 죽음을 불사해야 하는 무서운 세상으로, 세계에서 가장 긴 노동 시간이 근면 성실함으로 둔갑하는 위선의 세상으로, 갚을 수 없는 대출금을 등에 지고 치솟는 아파트값을 따라만 가는 무모한 세상으로, 갖은 편리함만 좇는 소비 행태로 플랫폼 노동자들이 죽어나가도 아랑곳없는 잔인한 세상으로 말이다.

이렇게 자꾸 반추하다보면 '다시'로는 다시 돌아갈 수 없을지도 모르지만, 다행스러운 한 가지는 우리 마음에 이미 다가올 위험을 예감하는 백신이 주사됐고 항체도 생겼다는 것이다. 이 예감은 중요하다. 한 사람의 예감은 예민함으로 끝나지만 한 사회의 구성원들, 지구인들의 예민함은 시스템에 대한 근본적인 성찰을 낳고 새로운 삶의 방식을 모색하는 계기로 작동할 것이다. 모든 생명체에는 외부 미생물이 들어와 감염을 일으키고 그걸 막아낸 흔적이 있다. 종식은 불가능할지도 모른다지만 만일 그런 날이 온다면 부디 코로나19에는 인간들 사이의 공조와 지지에 매우 취약한 바이러스였다는 흔적이 남는다면 좋겠다.

심민영

바이러스가 남긴
트라우마

트라우마란 우리가 일반적으로 대응할 수 있는 정도를 넘어서는 사건으로 인해 입게 되는 커다란 심리적 충격을 말한다. 이러한 사건은 평범한 불운과는 다르게 생명과 신체의 안녕을 위협하거나 성적인 폭력을 수반한다.

세계보건기구의 발표에 의하면 70퍼센트의 사람이 평생 한 번 이상 트라우마 사건을 경험하며, 이들 중 3분의 2는 두 번 이상을 겪는 것으로 나타났다. 끔찍한 사고를 목격하거나, 가까운 사람이 갑작스럽게 세상을 떠나거나, 교통사고를 당하거나, 성폭력 피해를 입는 일 등은 트라우마를 유발하는 가장 대표적인 사건이다. 또 예기치 못한 화재, 풍수해, 지진, 대형 교통사고, 붕괴, 감염병 등의 재난 역시 트라우마를 야기할 수 있다. 이런 재난은 나와 가족, 가까운 지인의 건강과 생명을 앗아가며 한순간에 소중한 터전을 잃게 만들 뿐 아니라 내가 살고 있는 세상이 안전하다는 믿음, 소중한 것을 지킬 수 있다는 확신, 타인에 대한 신뢰와 같이 나의 근간을 이루던 가치관을 흔들리게 함으로써 정신적으로도 혼란과 위기를 초래한다.

코로나 시대의 트라우마

감염에 대한 공포와 불안

감염병을 일으키는 병원체는 눈에 보이지 않는다. 감염원에 노출되었는지, 노출되었다면 병원체가 내 몸속으로 침투한 것인지, 어떠한 문제를 일으킬 것인지 모든 것이 불확실하다. 트라우마의 핵심적인 속성은 생명이나 건강에 해를 입을 수도 있다는 공포감이다. 보이지 않는 적이 주변에서 호시탐탐 내 생명을 노리고 있다면 그것만큼 공포스러운 일이 없을 것이다.

신종 감염병일수록 감염원의 특징, 감염 경로, 감염력, 치명률, 치료제 효능 등에 대해 알려진 바가 거의 없기에 이로 인한 불안감은 더 커지고, 그럴수록 더 부정적인 방향으로 생각하게 된다. 즉, 감염원에 노출되었을 가능성을 실제보다 더 크게 생각하게 되고, 그로 인한 결과는 더 파국적으로 평가하게 된다. 나도 감염된 건 아닌지 불안에 떨며 수시로 체온을 재고, 목이 칼칼하거나 코가 막히는 느낌이 들기라도 하면 감염의 신호가 아닌지 염려하느라 어느새 일상은 온통 감염에 대한 생각으로 가득 차버리는 악순환에 빠진다. 가족 중 누군가 코로나19에 감염되었거나 밀접 접촉자로 분류되어 격리생활을 했던 사람들을 만나보면 재채기나 열감, 두통 등 평소에는 대수롭지 않게 지나쳤을 신체 증상에도 화들짝 놀라며 자신도 감염되지 않았을까 불안감에 시달리는 경우를 흔히 볼 수 있다.

감염병 확진은 곧 죽을 수도 있는 병에 걸렸다는 것을 의미하기 때문에 그 자체로 어마어마한 충격으로 다가온다. 우리는 처음으로 나, 또는 내 소중한 사람이 죽을 수도 있다는 생각을 하게 된다. 면역력이 다른 사람보다 더 약하기 때문에 감염이 되었다고 생각하거나 감염에 대해 부정적인 의미를 부여하며 스스로를 책망하고 자신감을 잃어버리기도 한다. 그런가 하면 감염되었다는 사실 자체를 받아들이지 못하거나, 큰 문제가 되지 않을 거라고 현실을 부정하는 사람들도 있다.

특히 신종 감염병은 질병의 경과가 잘 알려져 있지 않기 때문에 어떤 치료를 받게 될지, 회복은 잘될 수 있을지, 후유증이 남지는 않을지 이런저런 걱정이 끊임없이 찾아든다. 완치 판정을 받은 후에도 코로나19가 신체에 남겼을지 모를 후유증을 염려하는 사람이 많다. 그런가 하면 코로나19 감염증에서 완치된 사람 가운데 2.5퍼센트는 다시 양성 판정을 받는 것으로 알려지면서, 완치 판정 후에도 재감염이 되지 않을지, 자신도 모르는 사이에 다른 사람에게 병을 옮기는 것은 아닌지 불안해하는 사례가 급속히 늘고 있다.

무력감과 좌절감

감염원이 체내에서 완전히 사라져야 완치 판정을 받을 수 있다. 그런데 코로나19는 증상이 가볍거나 거의 무증상이더라도 음전이 되기까지 상당히 긴 시간이 소요된다. 현장에서 코로나19 확진자들이 가장 많이 호소하는 어려움은 반복되는 양성 결과에 따른 좌절감과 무력감이었다.

감염병 앞에서 내가 할 수 있는 게 없다는 사실은 사람을 극도로 무력하게 만든다. 자신의 삶을 주도적으로 영위함으로써 조절감과 만족감을 느끼는 것은 우리가 활력을 유지하는 데 필수적인 요소다. 감염병 유행이 장기화될수록 사람들의 피로감과 무력감은 더욱 뚜렷해진다. 그렇기에 감염병이 유행하면 신체적인 안전을 위해 방역과 치료를 최우선으로 여기기 마련이지만, 심리적으로 조절감을 상실하는 데 따른 만성적인 무력감과 우울감 역시 관심을 가지고 돌봐야하는 부분이다.

상실감과 애도

감염병에서 완치 판정을 받더라도 이전의 신체 상태로 완전히 회복되지 않을 수 있다. 예전과 달리 피로감을 많이 느끼고 계단을 오르내릴 때 금세 숨이 가빠지기도 한다. 감염병을 진단받고 여러 차례 검사와 치료 과정을 거치면서 많은 사람이 자신의 건강과 신체적 기능에 손상을 입었다는 생각을 갖게 된다. 이것이 비가역적인 손상이거나 약물로 인한 후유증일 때 상실감은 더욱 크게 다가온다.

감염병으로 인해 소중한 사람을 잃는 경우도 있다. 감염병 환자를 치료하는 음압병실은 허가된 의료진 외에는 출입이 제한되며, 대개 가족들 역시 격리 상태에 처해지기 때문에 가족들이 환자의 임종을 지키지 못하는 경우가 많다. 감염병 치료를 받는 동안 접촉이 제한되기 때문에 가족들은 환자가 어떤 상황 속에서 사망에 이르렀는지조차 알기 어렵다. 그래서 환자가 치료 과정과 사망 순간에 겪었을 고통에 몰두하며 슬픔과 죄책감을 토로하는 이가 많다. 갑작스러운 상실을 경험한 사람들은 고인 없이 살아가야 할 삶에 대한 두려움과 불안과 공포를 느끼거나, 죽음 자체를 믿지 않으려 하는 반응을 보이기도 한다. 고인과의 친밀한 관계를 다시 맺을 수 없다는 정서적인 고독감을 경험하며, 사망과 관련된 과정을 연거푸 그려보거나 죽음을 되돌리는 상상을 하는 등 고인에 관한 생각에 과도하게 몰두하기도 한다.

감염병으로 인한 사망은 임종뿐 아니라 장례 절차에 있어서도 특수성을 갖는다. 염이나 매장 등 통상적인 장례 절차를 따르기 어려울 뿐 아니라, 사람들의 관심을 피해 아예 장례를 생략하는 경우도 흔하다. 죽음의 순간을 함께하지 못하고 장례나 문상과 같이 고인을 떠나보내는 의식을 치르지도 못한 남은 가족들은 애도가 진행되는 과정에서도 걸림돌을 마주한다.

루머, 낙인과 차별

불안감을 많이 느낄수록 정보에 대한 요구도 커지기 마련이다. 그런데 이런 요구가 제대로 충족되지 못하면, 루머가 생성된다. 적대적인 감정을 만족시키고자 하는 욕구도 루머가 만들어지는 데 기여한다. 대부분의 루머는 감염의 발생과 전파에 대한 것이다. 특히 사람들은 확진자 또는 감염원에 노출된 사람에 대한 뉴스에 민감하게 반응한다. 확인되지 않은 정보가 쉽게 유통되고, 여기에 반응하며 엄청난 비난과 분노를 퍼붓는 것이다.

감염병은 낙인과 차별을 동반하는 매우 특수한 형태의 재난이다. 역사적으로, 감염병이 유행할 때 소수자들이 박해와 차별을 당한 사례를 쉽게 찾아볼 수 있다. 흑사병이 유행하는 동안 걸인, 유대인, 한센병 환자, 외국인 등은 흑사병을 몰고 다니는 자들로 매도되었다. 집시와 유대인이 물에 독을 탔다는 소문을 믿고 이들을 학살하는 일도 있었다. 특히 유대인에 대한 핍박이 심했다. 유대인들이 흑사병에 잘 감염되지 않는 현상을 두고, 이들이 병을 퍼뜨렸다며 혐오가 극에 달했던 것이다. 사실 유대인이 흑사병에 잘 걸리지 않았던 이유는 간단했다. 유대 율법상 목욕을 하고 식사 전후에는 손을 깨끗하게 씻는 생활습관을 가지고 있었기 때문이다. 감염병 확진자에 대한 근거 없는 비방은 비단 중세에만 국한된 것이 아니다. 근대에 와서도 한센병 환자들이 아이를 해친다는 낭설을 믿은 사람들이 이들을 두려워하며 박해하기도 했다.

그러나 혐오와 낙인은 곧 부메랑이 되어 돌아온다. 코로나19가 처음 유입되었을 때 우리 사회의 중국(인) 공포증, '시노포비아'는 극에 달했다. '노 차이나' 포스터가 등장했는가 하면, 일부 식당은 중국인 출입을 금지하기도 했다. 그러나 얼마 지나지 않아 유럽 등 서구권에서 동양인을 싸잡아 차별한다는 소식이 들려왔다. 유럽에서 활약하는 한국의 스포츠 선수들은 헛기침 한 번에 코로나 바이러스를 갖다 붙인 온갖 조롱을 받아야 했다.

"사람들이 우리 집에 감염병 환자가 발생했다고 수군대며 우리를 피했다." "가게 주인이 물건을 던지듯이 주고는 어서 가라고 소리를 지르기도 했다." 감염병 유가족들은 혐오와 낙인 때문에 겪어야 했던 서글픈 경험들을 털어놓는다. 어떤 이들은 이미 완치되었거나 단순히 격리되었던 사람들에게도 잠재적인 위험 요인이라는 의심의 눈길을 거두지 않고 심지어 바이러스 취급을 하기도 한다. 직접적인 피해자임에도 불구하고 사회적인 지지를 받기 어렵다는 점, 이것이 감염병 피해자들의 가장 큰 비극이다. 믿었던 사람들로부터 냉대받은 경험은 감염병보다도 더 큰 트라우마가 되어 심리적 회복에 걸림돌로 작용한다.

죄책감

자신이 감염병 진단을 받게 됨으로써 가족과 주변 사람들이 격리 조치를 당하고 피해를 입었다는 사실에 확진자들은 크나큰 심적 부담을 느낀다. 더 나아가 자신으로 인해 가족이나 동료가 감염되면, 이들은 자신이 감염되었을 때보다도 더 큰 고통과 죄책감을 토로한다. 어떤 행동을 하지 말았어야 했다, 아니면 어떤 행동을 했어야 했다, 수많은 가능성을 그려보며 생각에 사로잡혀 자책에서 벗어나지 못하는 이도 많다.

그러나 우리는 감염이나 전염이 의도된 게 아니고, 그러한 결과를 예측할 수도 없었다는 사실에 주목해야 하며, 책임을 과대 해석하고 있는 것은 아닌지 돌아볼 필요가 있다.

불신과 고립감

'지금 이 순간 이곳에서 큰 해를 입을 것이다.' 누구도 이런 생각을 하며 살아가진 않는다. 그렇기 때문에 어느 날 갑자기 맞닥뜨린 트라우마 사건은 그 자체로 이 세상이 안전하고 정의롭다는 기본적인 전제에 의문을 품게 만든다. 많은 감염병 확진자가 평소 건강관리를 잘했고 위생 수칙을 철저하게 지켰기 때문에 감염이 될 것이라는 생각을 전혀 하지 못했다고 말한다. 감염병을 포함한 어떠한 트라우마 사건도 아무리 조심하고 대비한다 한들 우리의 힘으로 완전히 막을 수 없다는 의미일 것이다. 또한 트라우마 사건의 예측 불가능성은 이런 일이 두 번 일어나지 말라는 법은 없다는 생각도 들게 한다. 감염병에서 완치 판정을 받더라도 안도하기보다 재감염이 되지 않을까 두려워하는 것도 이 때문이다.

트라우마 사건은 사람들의 이목을 끌기 마련이다. 비난과 오해 못지않게 동정이나 어설픈 관심도 당사자들에게 큰 상처가 된다. 상대방의 심정을 어림짐작한다든지 본인의 편견에 따라 상대방의 행동을 재단한다면 이해받지 못한다는 생각만 깊어질 것이다. 같은 사건을 겪어도 각자가 인식하는 내적 경험은 저마다 다르다. 개인이 처한 상황과 그 순간 각인되는 감각적 경험이 다르며, 사람들은 그 경험에 비추어 트라우마 사건에 각기 다른 의미를 부여한다. 그러니 이렇게 저마다 다른 경로를 통해 발생하는 정서도 다른 색을 띨 수밖에 없다.

따라서 재난을 경험한 사람의 언어에 귀를 기울이고 그 사람의
내적 경험을 존중해주어야 한다. 만약 주위 사람들이 자신의 트라
우마 사건을 듣기를 꺼린다는 느낌을 받으면, 아무에게도 자신의
경험을 이야기하지 못하고 고립감과 소외감은 더 깊어진다.

감염병 트라우마 극복하기

궁극적인 과제는 트라우마 경험을 우리 자신의 정체감으로 통합
시키는 것이다. 두렵고 고통스러웠던 부분, 분노했던 부분뿐 아니
라, 이러한 경험을 통해 획득한 새로운 통찰, 대인관계나 가치관
에 찾아온 변화를 수용하는 자세가 필요하다. 대부분의 트라우
마 경험자는 아무리 극심한 고통과 무력감이라 해도 결국엔 회복
할 수 있는 잠재력을 가지고 있다. 또한 이러한 과정을 통해 위기
를 다루는 자기 능력에 대한 신념이 강화되며, 친밀한 대인관계가
부각되고, 지역사회 활동이나 자선 기부 등 타인을 돕는 일에 대
한 관심이 높아지는 등 긍정적인 가치관이 강화될 수 있다. 외상
후 성장은 트라우마 경험을 어떻게 성공적으로 통합하느냐에 달
려 있다.

이러한 통합은 안전하고 지지적인 관계를 통해 이루어질 수 있다. 사회적 지지는 개인의 회복을 촉진할 수 있는 가장 강력한 환경적 자원이다. 사회적 지지는 가족과 지역사회로부터, 사회적 관계망에 있는 구성원들로부터 도움을 받을 수 있다는 인식이며, 정서적 지지, 정보 제공, 물질적 지지를 모두 포함한다. 사회적 지지를 높게 지각하는 사람은 심리적 안녕을 누리고 긍정적인 사고를 할 수 있는 반면, 사회적 지지가 부족하다고 지각하는 사람은 스스로를 부정적으로 평가하기 쉽고, 적응력이 저하되어 외상에 따른 부정적 영향을 더 쉽게 받는다.

재난 후에는 다양한 갈등, 불평등한 자원 분배, 재정적 염려, 실직 등 부정적 사건이 발생하기 쉽다. 이러한 사건들은 지속적으로 삶의 변화를 야기하기에, 재난의 직접적인 피해만큼이나 개인의 정신건강에 악영향을 미칠 수 있다. 특히 이웃, 지방정부, 중앙정부와의 갈등은 재난 시 빈번하게 발생한다. 재난 경험자 중 46퍼센트가 보상 문제로 이웃과 갈등을 겪거나, 편견과 차별을 경험했다고 말한다. 세월호 참사 유가족의 생활 실태를 조사한 연구에서도 가족관계 갈등, 동료 및 친척의 몰이해, 이웃으로부터의 소외, 주민 간 대립을 경험했다고 보고했다.

지자체나 정부기관과의 갈등은 자원의 배분, 원인 규명, 보상 절차 등의 과정에서 발생하는 경우가 많고, 지원이 충분하지 않은 경우에도 재난 경험자들은 지자체나 정부기관과 갈등을 겪게 된다. 사회적 갈등과 불충분한 보건·의료적 지원은 재난 이후의 외상후스트레스장애PTSD와 우울증 발생에 영향을 끼친다. 따라서 재난으로 인해 발생하는 당장의 가시적인 피해에만 주목할 것이 아니라 재난 경험자들을 둘러싼 환경에서 새로운 스트레스원들이 발생하고 있는 건 아닌지를 면밀히 관찰하고, 주의 깊게 평가해야 한다.

극심한 스트레스와 역경을 극복해내는 힘을 회복탄력성이라고 한다. 조절력, 문제해결력, 대인관계 능력, 낙관성, 삶의 목적과 가치 추구 성향이 회복탄력성을 증가시킬 수 있다. 또한 신속하고 충분한 의료적 지원과 복구 자원 배분, 원인 규명, 보상에 있어서 이웃과 지자체, 정부기관과의 불필요한 갈등을 최소화할 수 있는 제도와 절차를 마련하는 일도 매우 중요한 부분이다.

위기는 보통의 일상 속에서는 가져오기 힘든 변화를 이끌어내기도 한다. 메르스 유행 이후 병원 내 감염관리시스템이 정비되고, 병문안 문화가 획기적으로 변화되었다. 위기를 겪기 전에는 미처 돌아보지 못했던 새로운 가치를 발견하고 인생을 재정비하는 사람들도 찾아볼 수 있다. 이들은 감염병 때문에 한달 남짓 격리 생활을 하면서 평범한 일상의 소중함을 절실히 느꼈다고 말한다. 또 걱정했던 것과 달리 반갑게 맞아주는 사람들을 보며 인간 보편의

이다성을 깨닫고 신뢰와 연결감을 되찾았다고 고백한다.

우리는 메르스나 코로나19와 같은 감염병이 유행할 때 의료인에 대해 감사와 지지를 보내는 사회적 분위기가 널리 확산되는 것을 목격했다. 화합과 연대, 지지와 응원으로 이루어지는 성숙한 시민의식은 감염병으로 인한 트라우마로부터 우리 모두를 지켜주는 가장 핵심적인 열쇠다. 비난과 차별, 혐오의 말이 아닌 회복을 기원하는 따뜻한 응원의 말 한마디가, 내가 살고 있는 이 사회를 좀더 안전하게 만드는 길일 것이다.

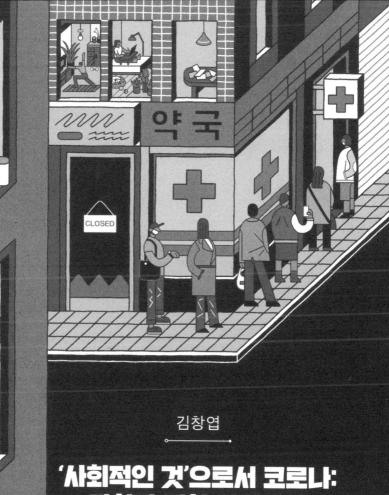

김창엽

'사회적인 것'으로서 코로나: 과학과 정치 사이에서

코로나19를 비롯한 감염병은 생물학적이고 보건의료적인 사건인 동시에 사회적·정치적·경제적 현상이다. 마스크의 과학은 마스크라는 자원을 배분할 때의 우선순위 문제와 만나고, 중국 경유자의 입국 금지 여부는 방역의 실효성과 함께 국제 정치경제를 고려해야 한다. 불안과 공포라는 개인 반응조차 인종주의, 식민주의, 신자유주의 등 사회경제 체제 또는 구조와 무관하지 않다. '사회적 거리두기'라는 비약물적 수단non-pharmaceutical measure에 이르면 거의 전적으로 사회·정치·경제·문화의 영역에 속하게 된다.

감염병의 정치경제란 단지 감염병에 영향을 주거나 영향을 받는 정치적 또는 경제적 요인이라는 의미를 넘어선다. 예를 들어, 감염병 영역에서 건강과 보건의료 이용의 불평등은 정치경제의

한 가지 측면일 뿐이다. 감염병 발생에서부터 유행과 확산, 대응, 결과와 영향에 이르기까지, 우리가 만나는 감염병을 둘러싼 현상과 사건은 병원체와 비인간non-human, 사람, 사회의 심층 구조로부터 '발현emergence'한 총체적 결과다. 이런 의미의 정치경제란 결국 그 발현 과정을 종합적으로 해명하려는 존재론이자 인식론이라 할 수 있다.

사회적 과제라는 관점에서 보면, 정치경제적 접근은 푸코적 의미에서 '감염병 레짐'을 비판하는 작업이기도 하다. 이는 감염병의 '모든 것'이 암묵적으로 전제하는 (자연)과학적 모델, 특히 생의학적biomedical 모델로부터 사회적 모델로 전환하려는 시도다.

빈발하는 신종 감염병과 인수공통감염병

코로나19는 신종 감염병이자 '인수공통감염병'이다. 여기서 신종 emerging이란 인간에게 해를 입히지 않던 병원체가 새로 감염병을 일으킨다는 뜻으로, '새로움'보다는 '생성'의 이유에 주목해야 한다. 과거에는 인간에게 해롭지 않았으나 새로이 질병의 원인이 되었다는 건 어떤 변화가 있었고 새로운 요인이 작용했다는 것이다. 감염원인 바이러스나 박테리아, 인간의 감수성, 또는 감염원과 인간의 관계를 둘러싼 조건이 달라진 결과 새로운 감염병이 나타난다.

사스, 메르스, 코로나19를 거치면서 인수공통감염병이라는 말에도 익숙해졌다. 이는 동물이 자연 숙주인 감염병으로부터 인간에게 전파되어 감염을 일으킬 때, 그 감염원을 일컫는 말이다. 인수공통감염병이 곧 신종은 아니라는 점도 덧붙인다. 과거부터 인간 감염병 상당수가 이런 범주에 속했고, 우리가 잘 아는 천연두나 결핵도 본래 인수공통감염병이었다. 최근 사스, 에볼라, 조류독감 때문에 새로 주목을 받고 있으나, 인간 감염의 60퍼센트를 넘을 정도로 흔하고 비중이 크다(Taylor, 2001).

오래전부터 인류와 공존해온 인수공통감염병이 그것도 신종의 형태로 늘어나는 이유는 무엇일까? 한두 가지로 모든 것을 설명할 수 없음은 분명하나, 가장 유력한 이유는 인간과 동물의 접촉이 빠른 속도로 증가한 결과다. 예를 들어 무분별한 산림 파괴와 경지개발 등이 과거에 없던 사람과 동물의 밀접 접촉을 부추기고 그 결과 동물에 있던 병원체가 새로운 위험을 안고 인간에게로 전파된다. 주로 밀림의 야생동물이 갖고 있던 에볼라바이러스는 숲이 없어지면서 인간과 가까워졌고, 새로운 환경에서 스스로 변화하며 인간과 만났다. 일례로, 2017년 출판된 헤수스 올리베로 등의 연구를 보면 에볼라가 발생한 서부 아프리카 27개 지역을 조사한 결과 최근 산림을 없앤 지역에서 유행의 확률이 더 높았다

(Olivero, 2017). 1998~1999년 말레이시아에서 100명 이상의 사망자를 낸 니파바이러스 유행은 숲을 파괴하여 양돈 농장을 확대한 직접적 결과였다.

산림을 없애고 경지를 확대하며 숲속에 축산 공장을 짓는 일은 개별 경제 주체의 시장 행동으로만 설명할 수 없다. 변화의 심층에는 지구적 규모의 정치경제 구조가 실재한다. 대상과 영역이 농업, 임업, 축산업 그 무엇이든 한마디로 말해 세계적 규모로 구축된 불평등한 국제 분업체계의 직접적 결과물이다(Dzingirai, 2017). 에볼라의 '체제성'을 연구한 일부 연구자는 이런 감염병 레짐을 가리켜 '신자유주의적 에볼라neoliberal ebola'라고 불렀을 정도다(Wallace and Wallace, 2016).

감염병의 유행과 확산

현재의 자본주의 사회경제체제는 작은 유행병endemic이 지구적 범유행pandemic으로 퍼지는 최적의 조건을 제공한다. 지구 전체를 포괄하는 이동성과 연결성이 특히 그러하다. 2009년 유행한 인플루엔자 AH1N1는 태평양을 건너 전파되는 데 단 9일이 걸렸는데, 당시 어떤 방식으로 계산하든 예상보다 몇 달 이상 빠른 속도였다. 100년 전 유행한 스페인독감과는 비교가 되지 않는 속도다. 국내 이동도 마찬가지다. 코로나19 유행 발생 당시 중국 내 항공 이동은 사스 발생 당시와 비교해 열 배 이상 늘어난 상태였다.

세계화된 경제체제에 편입된 이상 어느 국가도 이런 조건을 뛰어넘을 수 없으므로 입국 금지나 봉쇄와 같은 방역기술은 불가능하고 무용하다. 한국에서 논란을 빚었던 중국 경유자 입국 금지 문제만 해도 그렇다. 중국이 코로나19 발생을 세계보건기구에 보고하기 전에 이미 프랑스에 환자가 발생했다는 주장이 사실이라면(Deslandes et al., 2020), 이동 제한은 검역의 부담을 줄이는 것 이상의 의미를 띠기 어렵다. 정책을 실행하는 일도 불가능에 가깝다. 한국에서는 중국발 내국인 입국자가 유행 전에는 하루 1만 3000명, 유행 후인 2월 초에도 약 3000명에 이르렀다. 아마도 이들은 대부분 두 나라 사이를 오가야 하는 경제 주체들일 터다. 국가 간 이동을 금지하거나 이동은 허용하면서 강제로 또는 자발적으로 격리하는 일이 가능할까? 감염병 확산을 막을 목적으로 국가 간 이동을 금지하는 조치는 방역의 과학이 아니라 정치, 그것도 주로 국내 정치다.

도시화 또한 감염병 확산과 유행을 촉진하는 중요한 요인에 들어간다. 코로나19가 처음 발생하고 전파된 중국 우한의 사례가 대표적인데, 이는 단지 많은 인구가 밀집한다는 도시의 평면적 특성

만을 의미하지 않는다. 우한은 산업 생산 기지이자 교통과 교육의 중심지로, 세계화된 도시의 특성을 고루 갖춘 곳이다. 춘절 기간 고향을 찾아 이 지역에 머물렀던 500만 명 이상이 우한 봉쇄 전에 다른 지역으로 빠져나가 전파와 유행에 결정적으로 이바지한 것은 우연이 아니다. 수많은 이주노동자 또한 다른 지역과 나라로 흩어져 곳곳에서 감염원이 되었다. 이 거대 도시는 중국의 사회경제체제, 나아가 세계 자본주의체제에 완전히 통합된 공간으로서, 감염이 세계적으로 확산하는 데 최적의 조건을 갖추었다(Yamada, 2020).

유행과 확산의 정치경제는 방역 수단과 기술에 통합되어 있다. 예컨대, 지역사회 유행을 억제하는 유력한 수단 가운데 하나인 이른바 '사회적 거리두기'는 한 사회의 사회경제적 조건에 따라 적용가능성과 범위가 달라진다. 보통의 자본주의 시장경제에서 학교, 종교단체, 여가 활동 등은 비교적 쉽게 이 방법을 적용할 수 있으나, 생산 활동에 종사하는 노동자들은 개인 수준의 사회적 거리두기를 실천하기 어렵다. 경제 활동의 지속성 문제와 함께 노동을 중단하는 비용을 누가 부담할 것인가 하는 '권력' 문제가 개입하기 때문이다. 미국의 많은 노동자는 시간제 임금을 받거나 유급휴가가 없어 일을 쉴 수 없고, 따라서 이들에게 일터에 나가지 않는 사회적 거리두기는 실천할 수 없는 방역기술이다.

감염병에 대응하는 불안한 주체

지식과 기술로 한정해도 이를 적용하는 환경과 조건은 사회적이며, 따라서 모든 감염병 대응은 경제적 정치와 정치적 경제를 피할 수 없다. 특히, 겉으로 개인적 반응이나 대응처럼 보일 때도 그 뿌리는 흔히 사회경제 구조에 닿아 있다는 점을 강조하고 싶다.

이번 사태에서 더 두드러져 보이는 일반 시민의 불안과 공포는 심리적 차원의 반응을 넘은 정치경제적 현상이라고 해석해야 한다. 코로나19는 유행 초기부터 치명률이 매우 낮다는 것이 정설이었으나 그러한 사실이 대중의 불안과 공포를 막지는 못했다. 흔히 이런 불안과 공포는 불확실성에서 비롯된다고 하지만, 이 불확실성이 과거보다 더 큰 것도 아닌데 왜 불안과 공포라는 사회적 반응은 점점 더 강화되는가? 정확한 지식이 공포를 줄인다고 하지만, 이 또한 한계가 있는 것이 분명하다.

불안과 공포는 바이러스, 질병, 건강 또는 지식 그 무엇에 대한 것도 아니다. 추상적이고 모호한 것이 아니라 체화된 경험과 기억, 더 구체적으로는 삶의 파탄과 고통에 대한 것이다. 만약 감염자가 되고 병에 걸리면 나는, 내 가족은, 그리고 직장과 내 장래는 어떻게 될까? 나와 내 가족의 미래가 불확실한 것이 핵심이다. 병에 걸리더라도 (치명률이 낮으므로) 큰 부담 없이 좋은 치료를 받고, 경제적 타격도 별로 없으며, 사회적 차별이나 오명이 붙지 않고 일상생활로 복귀할 수 있으면? 불확실성은 크게 줄어들고 나는 내 삶에 대한 통제권을 잃지 않는다.

따라서 불안과 공포는 개인적 속성이라기보다 구조적이고도 역사적인 속성이다. 이는 감염병에 국한된 현상이 아니라 삶의 조건으로서의 현존 사회경제 구조, 특히 신자유주의적 자본주의체제에 내재해 있다. 감염병 유행으로 갑자기 나타난 것이 아니라 경험과 학습을 통해 불확실성에 적응한 '불안체제'가 점점 더 공고해진 결과이기도 하다. 윌리엄 데이비스는 『신자유주의의 한계The Limits of Neoliberalism』에서 "[이 체제에서] 각 개인은 어떤 종류의 경제적 불확실에 의해 훈련되고 조정되는데('넛지'), 그 전제는 경력·연금·가정생활에 예상하지 못한 타격을 받을 때 각자 알아서 더 잘 '회복'해야 한다는 것"이라고 주장했다(Davies, 2014). 결국, 불안은 신자유주의 체제를 지탱하는 핵심 기제이며 개개인은 '불안 전염병anxiety epidemic'을 피할 수 없다(Hutton, 2016).

우리 사회의 '불안체제'는 감염병 유행 과정에서 (흔히 '각자도생'이라 부르는) '개인화' 현상을 심화한다. 다음은 비교적 유행 초기에 나타난 한 가지 현상에 대한 언론 보도(강현석과 박채영, 2020)로, 특별한 사례가 아니라 다른 곳과 영역에서도 흔히 볼 수 있던 것이었다.

보육시설 휴업도 제각각이다. 22번째 확진자가 나온 OO OO시는 지난 7일부터 관내 어린이집 90곳과 지역아동센터 23곳의 문을 닫았다. 하지만 30곳의 공·사립 유치원은 모두 정상적으로 운영한다. 전면 중단된 OO도의 노인 일자리사업도 논란거리다. OO도는 노인 등 취약계층으로 신종 코로나가 확산하는 것을 방지하기 위해 노인 일자리사업 등을 일시 중단하면서, 집에서 맞벌이 자녀의 '손자'들을 돌보는 '손자녀 돌보미사업'까지 일괄 중단했다. 보육시설이 문을 닫고 있는 상황에서 오히려 집에서 맞벌이하는 부모들을 대신해 아이들을 돌봐왔던 노인들의 활동을 막은 셈이다.[•]

개학을 연기하고 공공기관을 닫는 것도 비슷하다. 지금은 사회적 거리두기의 한 방법이라고 하지만, 그 전부터 건강과 질병은 개인사였고 더구나 감염병이 퍼졌을 때는 각자 지역사회와 가정으로 흩어지는 것이 자연스러웠다.

개인화 경향의 심화는 신자유주의적 사회경제체제에서 연유한 '불안체제'에서 개인이 행동하는 방식이다. 각자가 자유롭게 선택한 결과라기보다 공동체를 믿기 어려울 때 개인이 선택할 수 있는 가장 '합리적'인 행동이라 할 수 있다. 긴급조치 이전의 미국에서

• 강현석·박채영, 「묻지마' 폐쇄·휴업·격리…… 일관된 기준이 없다」, 『경향신문』, 2020년 2월 10일 자.

처럼 코로나 확진 검사에 100만 원을 내야 한다고 생각해보자. 코로나가 마무리되는 대로 맞춤형 민간보험이 쏟아지고 많은 사람이 그 상품을 소비함으로써 불안을 이기려 할 것이다.

불안체제는 심리일 뿐 아니라 물질적materialistic 토대에 대한 문제이기도 하다. 감염병에 대응하는 사회적·집단적 능력은 '공동재common goods'라는 것이 정설이다. 공중위생, 응급의료, 재난 대응, 건강 보장 등 다른 공동재도 그렇듯, 공유하는 기반이 약하면 재난 상황에서 책임은 개인에게로 분산된다. 공동체가 같이 투자하고 유지해야 할 공동재를 상당 부분 개인별 자산으로 바꿔놓은 체제, 그것이 감염병 유행에 반응하는 우리를 둘러싼 삶의 사회경제적 조건이다.

사회경제체제에 조응하는 신자유주의적 주체성은 개인화를 내면화하는 방식으로 나타난다. 사토 요시유키에 따르면 "신자유주의적 통치에서 규범을 내면화해 자기관리를 하는 규율적 주체는 오히려 자기를 투자의 대상으로서 철저하게 경영management하는 '자기 자신의 기업가'로, 즉 시장 원리를 내면화하고 그것에 기초해 자기를 경영하는 경제적 주체로 치환"•된다. 우리는 진작 '자기 자신의 기업가'라는 원리에 동의했고, 이젠 그 원리를 내면화한 새

• 사토 요시유키, 『신자유주의와 권력』, 김상운 옮김, 후마니타스, 2014, 54쪽.

로운 주체가 되었다. 철저한 동선 추적과 발본색원의 전수조사라는 강박 또한 개인화한 감염병 관리체계를 바람직한 가치로 받아들인 결과다. 모조리 금지, 봉쇄, 휴업, 폐쇄, 휴교하는 것이 유일한 안전이라는 믿음도 같은 원리다.

신자유주의적 국가 통치와 감염병 관리의 모순

서구에서는 감염병 유행을 막는 데 검역이 중요한 역할을 했는데, 이는 17~18세기 훈육discipline과 지식을 기반으로 확립된 통치 메커니즘을 대표한다. 그리고, 1832년 콜레라 확산 방지에 실패한 것을 계기로 생명권력biopower이라는 새로운 통치 메커니즘이 등장했다(McKinlay, 2009). 공중보건은 훈육과 더불어 '계도'(푸코는 이를 사목 권력pastoral power이라 부른다) 기능을 하게 되고, 이제 공중보건은 경험적 데이터에 기초하여 인구를 관리하는 핵심 통치 기술이 되었다.

한 걸음 더 나아가 국가 책임과 책무성을 지속해서 분산하고 '미시화'하려는 것이 신자유주의적 국가 통치의 특징이다. 건강과 보건의료 영역에서 이는 전통적인 국가의 역할까지 민영화하는 과정으로 나타난다. 국가권력이 책임을 피하려고 보건의료의 통치를

'민영화'하고, 직접 개입해야 하는 영역도 '준민영화'를 추진했다. 다른 말로는 '큰 공공성'을 회피하면서 '작은 공공성'을 강조하는 전략을 활용했고, 이는 책임 주체를 전환하는 방법이기도 했다.

폐원한 진주의료원을 예로 들면, 공공성이나 공공보건의료 문제는 중앙정부로부터 광역정부(도)로 이전되고, 이는 다시 개별 기관(진주의료원)으로 넘어갔으며, 한 가지 방법으로 의료급여 환자를 문제 삼는 순간 책임은 개인에까지 이르렀다. 문제의 원인이든 해결의 주체든 국가권력은 보이지 않고, 공공성과 공공보건의료는 최종적으로 진주의료원이 운영을 어떻게 했느니, 의료급여 환자의 의료 이용이 과잉이니 하는 미시적 문제로 전환했다.

이번 유행에 대응하는 국가 통치의 원리는 제도화한 의료의 그것과 다르지 않으며, 특별한 사안과 프로그램의 특성이라기보다 신자유주의적 통치 구조가 현상적으로 드러난 결과다. 코로나19 환자 치료를 상당 부분 민간병원(국립대학병원도 민간병원과 근본적 차이가 없다)과 자원봉사자에 의존하는 것은 사실상 국가 의무의 '외주화'라 할 수 있다. 예방 분야의 구조도 마찬가지다. 지역별 방역은 (국가가 아닌) "민간전문가로 구성된 시도 감염병관리지원단"이라는 '지원기구'가 사실상 중심 역할을 했고, 이는 국가가 "지역별 특성에 맞는 감염병 관리 및 신속한 초동대응"을 민영화한 것이나 마찬가지다.•

신자유주의적 건강체제의 중요한 특성 한 가지는 반드시 개인화 경향을 강화하고 결과적으로 여기에 맞는 주체를 만들어낸다는 것이다. 낸시 프레이저의 말을 빌리면, 신자유주의 통치성이란 이런 것이다.

개인주의적으로 표준화된 빅토리아 시대의 주체도 아니고 집단적 복지와 관련된 포드주의적 주체도 아닌 새로운 통치성의 주체는 적극적으로 책임지는 행위자다. (시장에서) 선택하는 주체이고 서비스의 소비자인 이러한 개인은 그 자신의 결정을 통해서 자신의 삶의 질을 고양시켜야만 한다.[**]

국가권력은 개인(개별 주체)이 의료와 돌봄—여기서는 감염병 예방과 치료를 집단적 복지에 의존하지 않고, 스스로 적극적으로 책임지며 자신의 결정을 통해서 삶의 질을 고양하기를 바랄 것이다. 이런 관점에서의 지역사회나 공동체, 나아가 지방자치단체는 좀더 큰 개인에 지나지 않는다.

주로 사회적 수단으로 감염병에 대응해야 할 때(가령 사회적 거리

[•] 질병관리본부 홈페이지의 '정책정보; 감염병; 시도감염병관리지원단' 소개 참조, http://www.cdc.go.kr/contents.es?mid=a20301130000, 2020년 5월 11일 접속.
[••] 낸시 프레이저, 『지구화 시대의 정의』, 김원식 옮김, 그린비, 2010, 215쪽.

두기) 신자유주의적 건강체제의 특성이 전형적으로 드러난다. 때로 권위주의적 개입(이를테면 봉쇄)을 피할 수 없지만, 최종적으로는 각 개인이 방역의 주체라는 새로운 '주체성'을 창출하기에 이른다. '시민의 협조에 기초한 생활방역'의 논리는 이런 주체성을 형성하는 계기가 될 수도 있다. 문제는 신자유주의적 통치가 코로나19와 같은 감염병을 관리하고 바람직한 결과를 산출하는 대응의 기술이나 원리와 흔히 상충한다는 점이다. 검역, 자가격리, 사회적 거리두기, 예방접종 등이 모두 마찬가지로, 이들은 각자도생하는 개인이 아니라 협력하고 연대하는 공적 주체성을 통해 비로소 작동한다. 신자유주의적 통치가 효율적으로 작동할수록 방역과 감염병 관리는 실패할 가능성이 크다.

체제 위기와 전환의 가능성

코로나19는 발생부터 유행과 확산, 대응, 결과와 장단기 영향에 이르기까지 그 조건이자 토대로서의 사회경제체제를 드러냈고 앞으로도 그럴 것이다. 국경 봉쇄, 병상과 장비 부족, 인종 불평등, 사회적 거리두기의 실천 불가능성 등은 이와 연관된 몇 가지 현상에 지나지 않는다. '포스트 코로나'를 점치고 '뉴노멀'을 말하는 이유는 대다수가 지금의 체제로는 감염병에 대응하기 어렵다는 '체제적 불가능성'을 인지하고 있음을 보여준다. 아프면 직장을 쉴 수 있는 조건이 되어야 한다는 방역 당국의 권고는 새로운 노동체제가 필요하다는 점을 에둘러 기술적으로 표현한 것이다.

권력관계의 시각에서 보면 체제를 전환해야 할 필요성이 곧 가능성으로 바뀌는 것은 아니다. 외부 요인(팬데믹)의 충격 때문에 체제가 불안정한 사태를 '위기crisis'로 볼 수 있을지도 의문이지만, 기존 체제의 지속 또는 변혁 가능성은 거의 전적으로 권력관계의 산물이라는 점을 잊을 수 없다. 현재 국면을 그람시적 의미에서 위기의 '병적 상태'라 본다면 기존 권력은 끊임없이 원상태로 돌아가려 투쟁할 것이다(Babic, 2020). 대안 권력이 새로운 평형을 만들지 못하는 한 '회복resilience'을 피할 수 없다.

미시 체제도 마찬가지다. 국가권력은 이미 'K-방역'이라는 이름으로 '성공' 모델을 만들고 바이오와 정보통신 기술, 그리고 민간공공협력 모델을 중요한 성공 요인으로 규정하고 있다. 이는 2000년대부터 본격화한 '신성장동력'의 정치경제적 이해관계와 정확하게 일치하며, 또한 한국 자본주의가 추구하는 자본 축적 모델에 부합한다. 이와 비교해 공공보건의료를 비롯한 대안적 체제를 강제할 권력의 크기와 그 토대는 불안정하다.

코로나19를 근본적으로 해결하는 데 백신과 치료제가 중요한 역할을 할 것으로 전망되지만, '구체제'가 바뀌지 않으면 그 해결은 아주 적은 일부 집단에 국한될 가능성이 크다. 백신과 치료제 개발을 둘러싼 정치경제적 이해관계는 이미 잘 알려져 있으므로 길게 설명할 필요가 없을 것이다. 다른 백신이나 '소외성 질환' 치료제와 마찬가지로 코로나19를 비롯한 신종 감염병의 백신이나 치료제는 흔히 시장 규모가 작고 수익성이 낮다. 팬데믹이 안정 국면에 접어들수록 백신과 치료제 개발의 동력은 약해질 수밖에 없다. 게다가 다행히 빨리 백신이 개발되어도 상황이 크게 나아질 것 같지 않다. 백신이라는 한정된 자원을 배분하는 데는 강고한 국제적 불평등 구조와 메커니즘이 그대로 작동할 것이다.

결론: 과잉 정치화, 과소 정치화, 그리고 '잘못된 정치화mis-politicization'

신자유주의적 '감염병 레짐'이라는 말이 가능하다면, 코로나19의 정치경제는 거의 전적으로 이 구조의 현상이자 결과물이다. 우리가 넓은 의미의 정치적 권력을 축적하고 기존 권력에 대항해야 하는 이유이기도 하다. 질병, 특히 감염병의 발생과 유행은 정치화를 피할 수 없으며, 코로나19 유행도 크게 다르지 않다. 과잉 정치화와 과소 정치화도 반드시 나타나게 마련이다. 국회의원 총선을 앞둔 현실 정치에서 감염병이 과잉 정치화했으나, 보건의료체계의 공공성 강화라는 과제는 과소 정치화를 면치 못한 것도 한 예다.

감염병의 '잘못된 정치화'는 과잉 정치화와 비교하면 관심을 덜 받는다. 여기서 잘못된 정치화란 정치화가 개인화를 내면화한 시민에게 피해와 불이익을 끼치는 경우, 그리고 그러한 방향의 내면화를 강화하는 경우를 가리킨다. 감염병의 유행을 막는 데는 공동재의 축적이 중요한데, 이것이 방역과 그 체계를 완전히 무력화하는 방향으로 철저하게 개인화하면 어떻게 될까? 경제적 합리성과 경쟁 시장을 전제로 한 방역의 정치화는 기존 체계를 공고하게 하는 동시에 역설적으로 이에 토대를 둔 기술을 무용하게 한다. 많은 이가 '뉴노멀'을 예상하나, 기존 권력관계를 바꾸지 못하는 한 모든 뉴노멀은 불평등과 부정의를 '정상화'하는 데 지나지 않는다.

과학과 지식이 더 발전해도 감염병의 정치는 그 중요성이 줄어들지 않을 것이다. 정치화를 피할 수 없다면 우리의 관심사는 '더 나은 정치화'가 되어야 할 것이며, 좋고 나쁨을 나누는 데는 '사람의 관점people's perspective'이라는 익숙하면서도 낯선 기준을 적용하자고 제안한다. 이때 '대항하는' 정치화의 실천 주체는 당연히 '사회권력'이다(에릭 올린 라이트, 2012).

지역사회 감염이 한고비를 넘기고 새로운 확산 여부를 걱정하는 때에 '시민참여형' 또는 '민주적' 방역체계(감염병 레짐이라 불러도 좋다)를 생각해볼 것을 제안한다. 그 체계가 국가권력-경제권력-사회권력의 '앙상블'이라면, 새로운 실천 원리는 '민주적 공공성'을 강조할 수밖에 없다. 대안이자 대항적 체제로서, 개인의 지식, 자발적 실천, 포용적 지역사회(학교와 직장 포함), 숙의 deliberation에 기초한 의사결정 등이 그 요체다. 지금까지 축적된 역량에 좌우될 수밖에 없지만, 현재는 또한 새로운 경험과 축적의 계기이기도 하다.

우석균

불평등한 세계에서
팬데믹을 응시하다

청도대남병원

코로나19로 인한 첫 번째 사망자는 청도대남병원에 입원한 63세 환자였다. 이 환자에 대해 정부가 발표한 것은 담배를 많이 피워 폐기종이 있었다는 이야기가 전부였다. 환자가 어렸을 때부터 정신질환을 앓고 있었다는 사실, 폐렴에 걸려 사망에 이를 때까지 단 한 번도 의료진의 진찰과 치료가 없었다는 사실, 그리고 20년 동안 폐쇄병동에 입원해 있었다는 사실을 우리는 몰랐다. 그가 사망하기 전까지는.

그런데 이 청도대남병원의 5층 정신과 폐쇄병동에 입원해 있던 102명의 환자 중 102명 전원이 감염된 것으로 확인되었다. 모든 환자가 코로나19에 걸린 것이다. 반면 그 바로 아래층의 요양병원과 또 그 아래층의 일반병원에 입원한 환자 중에서는 단 한 명의 감염 환자도 발생하지 않았다……. 5층 폐쇄병동의 전원 감염과 다른 층의 감염 0명*은 무엇을 말해주는 걸까. 도대체 얼마나 밀집된 환경에서 생활을 했길래 이런 일이 발생했을까? 구치소나 교도소에서 제공하는 흔한 운동 시간조차 없었다는 걸까? 잘 알려진 사실대로 청도대남병원은 환자를 더 많이 수용하기 위해 침대를 치우고 온돌방 병실에 6~8인의 환자를 밀집 수용한 것으로 밝혀졌다. 정신과 환자가 입원하면 병원은 환자 수만큼의 정액입원료를 정부로부터 받기 때문이다.

나중에 알려진 사실에 따르면 환자들의 집단 발열은 2월 15일 이미 시작되었고 첫 사망자가 나온 것은 2월 19일이었다. 이후 사망자가 쏟아졌다. 치료조차 제대로 받지 못하고 2월 25일 일곱 번째 사망자가 나왔다. 그때까지도 보건당국의 방침은 5층 밀집수용 상태 그대로 환자들을 '코호트 격리'하는 것이었다. 바이러스 부하가 높고 환기도 충분히 안 되고, 응급상황에 적절히 대처할 수도 없는, 지극히 위험한 병원 환경이었는데도 말이다. 결국 '장애인들을 다 죽일 셈인가'라는 장애인 인권단체들의 국가인권위원

* 나중에 요양병원에서 노인 두 명이 코로나19로 사망했다.

회 진정과 인도주의실천의사협의회의 성명 등이 나오고 나서야 겨우 전원 이송 결정이 내려졌다. 2월 27일이었다. 여기까지도 기가 막힌 일이었다. 그런데 더욱 황당한 일은 그러고도 실제로 환자 이송이 끝난 것은 3월 5일이었다는 사실이다. 이들은 서울 국립정신건강센터, 국립부곡정신병원 등 전국 각지로 뿔뿔이 흩어져 입원했다. 애초에 발생 자체도 황당한 일이었지만 사태가 발생한 뒤에도 별다른 조치 없이 그 병원 그대로 환자들을 코호트 격리하기로 한 결정은 이 사회가 정신장애인을 어떻게 대우하는지를 단적으로 보여주는 일이었고, 결정이 내려진 이후로도 전원 이송 조치가 이루어지는 데 거의 열흘이나 걸렸다는 것은 문명국가에서 도저히 있을 수 없는 일이었다. 만일 그 병원에 어엿한 집 자식이 입원해 있었더라도 이런 일들이 벌어졌을까? 5층 환자들이 인간으로서 대우를 받기까지 정신장애인 일곱 명이 병원도 못 가보고 죽어야 했다.

이것으로 끝이 아니다. 40명이 이송된 국립정신건강센터에는 당직을 설 수 있는 내과계 의사가 없었다. 국립정신건강센터는 국가 중앙 정신병원이다. 그런 곳에 당직을 설 의사가 없다니. 결국 시민단체인 인의협에서 의사들이 자원봉사를 나가 야간 당직을 서야만 했다.

요양원과 요양병원

코로나가 희생을 강요한 집단들이 또 있다. 코로나 감염에 가장 취약한 노인들이다. 이번에 한국에서 가장 많은 사망자가 나온 집단도 70대 이상 노인들이었으며 이들은 현재까지 집계된 사망자의 약 70퍼센트를 차지한다(60대 이상으로 따지면 83.4퍼센트다).[*] 이 중에서 가장 많은 사망자가 나온 집단은 요양원과 요양병원 등에 있는 노인들이다. 신천지 집단감염cluster infection이 지나간 후로 계속된 집단감염이 발생하는 곳도 이곳이다.

　요양원 15만 명, 요양병원 25만 명으로 약 40만 명이 여기에 있다. 요양원은 복지시설이고 요양병원은 병원이지만 사실 그다지 차이는 없다. 시설마다 환경도 천차만별로, 비싼 곳은 서양이나 일본의 너싱홈을 연상케 하지만, 서민들이 찾는 요양원과 요양병원은 돈이 부족하면 요양원이고 돈이 조금 더 있으면 요양병원이다. 이런 차이에도 불구하고 노인들이 평균 머무는 기간을 보면 요양원이 2년 5개월, 요양병원이 1년 4개월이며 사망으로 퇴원하면서 입원이 끝난다는 점은 거의 같다. 문명화된 고려장 제도라고 부르면 너무 지나칠까. 생산인구가 아닌 노인들에 대한 사회보장은 형

---

[*]　중앙사고수습본부·중앙재난안전대책본부, 코로나바이러스감염증-19 국내 발생 현황, 2020년 5월 19일 0시 기준.

편없다. 한국사회는 노인 빈곤률이 49퍼센트다.

여기서도 사회적 거리두기를 실천할 수가 없다. 요양원은 환자 2.5인당 1인의 요양보호사를 두도록 되어 있으나 이를 지키는 곳은 거의 없다. 요양병원은 1인의 간병사가 8인의 환자를 본다는 실태 조사가 있다. 당연히 이들 돌봄노동자들이 환자들을 다 돌볼 수가 없다. 그래서 요양병원에선 환자 보호자들이 간병을 해야 한다. 아예 노부부가 함께 들어가 남성 노인은 입원을 하고 여성 노인은 간병을 하며 지내는 일도 드물지 않다. 사회적 거리두기는 요양원이든 요양병원이든 현실에서는 지켜지기 어려운 일이다. 여기에 코로나19가 발병하면 당연히 집단감염이 일어난다.

대구 대실요양병원에서는 94명이 집단으로 감염되었고 같은 건물의 미주병원에서도 134명의 감염자가 발생했다. 대구 한사랑요양병원에서는 77명이 감염되었다. 대구에서만 그랬던 게 아니다. 군포 효요양원에서도 집단감염이 있었다. 문제는 노인요양시설에서 집단감염이 발생하면 의료 수용능력의 부담을 심각하게 증가시킨다는 것이다. 군포의 예를 들면 네 명의 환자는 일반병실로 입원했지만 열 명의 노인은 중환자실로 가야만 했다. 이렇게 되면 환자들이 제대로 된 치료를 받기 어려워질 뿐 아니라, 병원의 부족한 중환자실을 이 환자들이 다 채우게 된다. 다른 병으로 중환자실을 가야 할 환자들도 적절한 치료를 받지 못하게 된다는 의미다. 결국 병실이나 중환자실 부족 사태가 벌어지고 이탈리아나 스페인에서 보던 바로 그 광경이 펼쳐진다. 악몽이고 야만이다.

대구·경북에서는 수백 곳의 요양시설에 대한 '예방적 코호트 격리' 조치로 병원노동자와 의료진, 간병인과 노인 들을 병원에 가두어 바깥과 차단했다. 이 요양원과 요양병원에 가족을 둔 사람들은 아직도 면회를 할 수 없다. 1인당 월 수백만 원씩 하는 실버타운에서 코로나가 발생했다는 이야기를 들어본 바 없고 이들이 코호트 격리를 당했다는 이야기도 들어본 바 없다.

전국의 5000개에 가까운 요양원과 요양병원의 노인들을 어떻게 보호할 것인가? 사회복지시설이나 요양시설 거주자들에게 필요한 것은 좀더 넓은 공간이지 사회로부터의 격리가 아니다. 정부는 이들이 밀집수용 상태에서 벗어나 사회적 거리두기를 할 수 있을 만큼의 공간을 마련해야 한다. 또 정부가 나서서 더 많은 돌봄노동자를 고용하고, 그 비용 또한 부담해야 한다. 과연 그럴 수 있을까.

성소수자와 이태원 클럽

클럽 운영 재개가 허용된 것은 4월 19일이었다. 그리고 이태원 클럽에서 코로나19 감염인이 확인된 것은 5월 6일이었다. 이 환자는 5월 2일부터 5일까지 클럽을 들렀다고 했다. 그리고 이태원 집단 감염이 발생했다. 여기까지는 문제가 아니었다. 문제는 5월 7일 순복음교회가 운영한다고 알려진 『국민일보』가 「[단독] 이태원 유명 클럽에 코로나19 확진자 다녀갔다」라는 제목의 보도를 내면서부터 발생했다. 불필요하게 성적지향을 밝힌 보도에, 뒤따라 많은 언론이 자극적인 보도를 내놓았다. 성소수자를 낙인찍고 불필요하게 성적지향을 공개하는 것은 방역에 도움이 안 될 뿐만 아니라 해가 된다는 정부와 시민단체의 질타에도 이 신문은 5월 9일 「"결국 터졌다"…… 동성애자 제일 우려하던 '찜방'서 확진자 나와」라는 보도를 이어갔고, 원색적인 표현을 써서 성소수자 혐오를 부추겼다.

이러한 보도는 이태원 클럽의 접촉자들로 하여금 검사를 두려워하고 기피하게 만들었고, 검사를 받거나 감염이 되면 곧 자신의 의사에 반해 성적지향이 밝혀지는 '아웃팅'의 위험에 맞닥뜨리게 했다. 한국사회의 편견을 고려하면 이런 보도는 코로나19를 이용한 노골적인 성소수자 혐오 선동이다. "언론은 성적 소수자에 대해 호기심이나 배척의 시선으로 접근하지 않는다." "반드시 필요하지 않을 경우 성적 지향이나 성 정체성을 밝히지 않는다."● 해당 기사는 이런 기본적인 인권보도준칙을 정면으로 어겼다.

한 인권활동가는 이렇게 말했다.

이미 안 좋은 학습효과가 진행된 상황에서 중국, 신천지보다 더 큰 낙인이 이태원 방문자들, 특히 성소수자들에게 가해지고 있습니다. 지금 그들에게 혐오를 쏟아내고 있는 언론들은 정말 코로나 종식을 방해하고 있는 겁니다. 그냥 잠깐 와서 검사받으면 되는 걸 왜 안 나오냐고요? 검사를 받으면 음성이건 양성이건 자가격리 대상자가 됩니다. 최소 하루 이틀 아무 데도 나가지 못합니다. 직장이나 지인들에게 자신이 나갈 수 없는 이유를 설명해야 합니다. 그 자체로 인생이 무너질 수도 있는 일입니다. 실제 인천의 대학생이자 학원강사였던 분은 초기 조사 때 무직이라고 속여 결국 직장 동료와 가르치는 학생들까지 감염됐습니다. 그는 "졸업과 취업에 불이익이 생길 것이 두려워" 거짓말을 했다고 고백했습니다. 코로나를 전파한 책임이 정말 '온전히' 그에게 있습니까? 성소수자를 혐오하고 차별해온 우리 사회, 이태원 클럽 방문자는 성소수자이고 사회에서

● 한국기자협회·국가인권위원회의 인권보도준칙 참조, https://www.journalist.or.kr/news/section4.html?p_num=7.

배제돼야 할 존재라는 등식을 만든 언론, 그리고 이것을 방치한 정치인들이 평범한 사람을 거짓말쟁이로 만들고 2차, 3차의 코로나 확산을 부추긴 것은 아닐까요?•

사회적 거리두기와 노동자

사회적 거리두기가 코로나 시대의 새로운 규범, 뉴 노멀이 되고 있다. 이때의 거리두기는 서로 팔을 뻗어 맞닿지 않는 거리다. 우리 정부는 1미터를 이야기했고, 외국에서는 1.8~2미터를 이야기한다 (최근에는 우리 방역당국도 2미터를 기준으로 말한다). 그러나 이런 사회적 거리두기가 실제로 가능한지를 생각해보자. 당장 지하철이나 버스를 타고 출퇴근을 하려면 1~2미터는커녕 양팔을 펼칠 수도 없을 정도로 밀접 접촉을 해야만 한다. 대중교통만 그러한가? 일을 할 때 서로 2미터씩 거리를 두는 직장이 얼마나 되는가. 공간 이용이 곧 이윤인 이 자본주의사회에서 감염병은 결코 평등하지 않다.

당장 이번에 문제가 된 서울 구로의 콜센터를 생각해보자. 콜센

• 2020년 5월 14일 광화문광장에서 전국 인권시민단체가 주최한 '코로나19 인권대응 시민사회 기자회견' 당시 최규진 건강과대안 운영위원·인의협 인권위원장의 발언.

포스트 코로나 사회

터는 경력이 없는 젊은 청년들이 가장 많이 취직하는 직장이자, 감염 위험이 가장 높은 곳으로 이미 지목되어왔던 곳이다. 한 곳에서만 137명이 감염된 것으로 알려진 구로의 콜센터는 어느 손해보험사의 외주회사였다. 한 층에 207명이 근무했다는 이 직장에서, 여성 노동자들에게 2미터의 거리는 월급—한 가족의 생계와 맞바꿀 수밖에 없는 것이었다.

콜센터만 그런 것이 아니다. 다른 직장들도 마찬가지다. 대기업들은 여유 공간을 쓸 여유가 있겠지만 그 바깥의 많은 직장인, 즉 노동자에게 2미터의 거리는 방역당국의 지침에나 나오는 말이다.

아프면 쉬라는 방역지침 1번도 그렇다. 아프면 쉴 수 있는 제도적 장치가 아예 없는 곳도 많다. 유급휴가가 제도화되지도 않았고, 가뜩이나 경제위기라고 야단인데 아프면 쉰다는 지침을 실천하면 곧바로 해고에 맞닥뜨리기 십상이다. 사회보장이 엉망인 미국에서조차 직장에 유급휴가 제도나 상병수당이 있다. 유럽에는 일주일 동안은 진단서 없이 유급병가를 낼 수 있는 권리가 제도적으로 보장되어 있는 나라가 많다. 직장에서 임금을 주지 않으면 사회보장제도에서 상병수당(질병수당)을 준다. 이런 제도가 있고 나서야 방역준칙 준수를 이야기할 수 있을 것이다. 유급병가만이 아니다. 대부분의 유럽 국가에서는 유급돌봄휴가도 당연한 노동자의 법적 권리다. 학교 휴교의 사회적 영향평가에 관련한 논문들은 휴교가 보건의료 종사자들의 돌봄휴가로 인한 의료 대응능력을 저하시키는 요인이라는 점을 당연하다는 듯이 분석의 대상으로 삼는다(Bayham et al., 2020). 그러나 한국에서는 어린이집이 휴원을 하고 학교도 휴교를 했는데, 그 아이들을 누가 돌볼 것인지가 큰 골칫거리다. 학교를 보내도 문제, 안 보내도 문제다. 유급병가도 주어지지 않는 이 사회에서 유급돌봄휴가는 대부분의 노동자들에게 꿈일 뿐이다.

코로나19로 많은 나라에서 고강도 사회적 거리두기를 실시했다. 셀 수 없는 일터가 문을 닫았고, 사람들은 집 바깥에도 나가지 못했다. 이른바 봉쇄lock down라는 강력한 사회적 거리두기의 일환이었다. 반면 우리나라는 대부분의 일터가 쉼 없이 돌아갔고, 유통부문 역시 쉬지 않았다. 사회적 서비스부문(예를 들어 대중교통)도 그대로 작동했다. 사회적 거리두기를 위한 봉쇄는 교회나 클럽, 노래방, 헬스클럽 등 문화시설과 유흥시설, 즉 비생산부문에서만 시행되었다. 식당이나 레스토랑 등 타격을 입은 분야도 넓게 보면 비생산부문이다. 'K-방역'의 중요한 요소인 한국형 사회적 거리두기는 '비생산분야에서의 엄격한 거리두기와 생산·유통·사회적 서비스 등 핵심 생산부문에서의 느슨한 거리두기 내지 포기'를 모델로 삼았기에 가능했다. 저강도 사회적 거리두기다. 이것은 세계의 자본가들이 기존의 자본주의적 생산 형태를 상당 부분 그대로 유지하면서 사회적 거리두기를 부분적으로 실천하는 모델로 보였고 (Bodenstein et al., 2020), 이는 이른바 'K-방역'이 전 세계의 주목을 받는 데 매우 중요한 요소로 작용했다.

그런데 바로 이 때문에 콜센터 집단감염이 발생했다. 가족 간 감염만큼이나 직장에서도 밀접 접촉으로 인한 감염이 많이 일어났다. 다행히 2020년 5월 현재까지는 택시 이외의 대중교통에서 감염 사례가 발생하지 않았지만 '생활방역'에 들어가게 되면 조만간 발생할 가능성도 크다.

한국형 사회적 거리두기는 유통부문 노동자들이 감염 위험을 감수하고 초과노동을 했기에 가능했다. 외신에서는 한국의 온라인 유통망을 방역 성공의 비결로 꼽았다. 자본가 입장에서는 유통부문의 오프라인 수요 감소를 온라인으로 메꾸는 것에 불과할 것이다. 그러나 이런 생각은 온라인 유통이 인간의 노동을 기반으로 하는 과정임을 망각하게 만든다. 사회적 거리두기를 실천하려면, 그 거리를 누군가 메꿔야 한다. 그 간격을 메꾸는 이는 노동자다. 배달노동자들의 일을 두고 '살인적인 노동'이라고들 한다. 이 표현은 은유가 아니다.

3월 12일 40대 온라인 쇼핑몰 배달노동자가 심근경색으로 숨졌다. 그는 새벽 배송을 하던 중 경기도의 어느 빌라 건물 4층과 5층 사이에서 심정지 상태로 쓰러진 채 발견됐다. 고인은 생전에 가족들에게 '밥도 못 먹고 화장실도 가기 어렵다'는 취지의 말을 한 것으로 알려졌다. 원래도 1년 미만 퇴사자가 96퍼센트에 이를 정도로 초과노동에 시달리던 배달노동자들이 폭발적으로 늘어난 배달 물량에 초초과노동을 한 결과다. 밤 10시에 출근해 이튿날 아침 7시까지 배송일을 하던● 그 노동자의 사망은, 한국형 사회적 거리두기의 결과였다.

그리고 얼마 뒤 또 한 명의 배달노동자가 세상을 떠났다. 택배 기사로 일하던 그는 토요일이던 5월 2일 배송을 나가기 전 동료에게 한 주 뒤로 다가온 가족여행 계획을 알렸다. 코로나19 여파로 급증한 물량에 지난 몇 달간 제대로 쉬어본 적이 없던 차였다. 그러나 그는 이틀 뒤인 4일 새벽 자택에서 외마디 비명을 지른 후 돌연사했다. 코로나19 사태가 있기 전, 숙련된 택배노동자가 한 달에 소화하는 물량은 7000~8000개였다고 한다. 고인은 2월에 9960개, 3월에 1만1330개, 4월에는 1만288개를 배달했다. 그만큼 노동 시간도 늘어 하루 15시간씩 쉼 없이 일했다.●● "노동자는 기계가 아니다."

● 김종훈, 「입사 한 달도 안 된 쿠팡맨의 죽음…… "1년 미만 퇴사자 96퍼센트"」, 오마이뉴스, 2020년 3월 18일 자.
●● 이효상, 「'언택트'시대의 과부하…… 또 스러진 택배기사」, 『경향신문』, 2020년 5월 6일 자.

K-방역의 빛과 어둠

K-방역의 성공이라고 한다. K-방역이 세계적 모델이 되었다고 한다. 그러나 이러한 평가는 첫째 섣부르고 둘째 지나치게 과장되어 있다. 기모란 예방의학회 코로나 대책위원장은 "한국의 상대적 방역 성공은 한국이 50점인데 반해 다른 나라는 30점이어서 그렇게 보이는 것"이라고 말했다. 50점은 성공이라고 말하기에는 부끄러운 점수다. 많은 공중보건학자와 감염학자가 한국의 상대적 성공에는 천운도 따랐다고 말한다. 물론 상대적 성공을 폄하하려는 것은 아니다. 이 상대적 성공으로 수천수만 명의 목숨을 살렸다. 여기에는 몇 가지 요인이 있다.

첫째, 한국이 다른 나라보다 한 달 내지 한 달 반 정도 미리 대응했다. 타이완과 한국이 그러했고 싱가포르도 처음엔 성공을 거두었다. 이는 세 나라가 중국과 가까이 위치한 덕분(타이완은 미리 정보를 가지고 있었던 것으로 보인다)이다. 1월 20일, 한국에 첫 번째 감염자가 발생했다. 한국은 중국과의 왕래가 잦아 하루 평균 3만 명이 양국을 드나들고 있었으므로 이에 대한 대비를 매우 빨리 시작했다. 초기부터 광범위하게 접촉자를 추적했고, 빠른 진단을 위해 코로나 진단키트를 개발하도록 승인 절차도 신속하게 진행했다.

그런데 이처럼 빠른 대응에는 신천지 집단발병이 역설적으로 큰 역할을 했다. 중국이 자체적으로 봉쇄 조치를 내리면서 중국으로부터의 입국자 수가 크게 줄어들고 국내 감염자도 아직 없었던 상황에서, 문재인 대통령은 2월 13일 "방역당국이 끝까지 긴장을 놓지 않고 최선을 다하고 있기 때문에 코로나19는 머지않아 종식될 것"이라고 말하기까지 했다. 그러나 2월 17일 이른바 31번 확진자가 발생하자 상황은 급변했다. 대구·경북 지역에서 집단발병이 터지기 시작한 것이다. 31번 환자가 처음으로 확진을 받은 것은 2월 17일이지만, 이후 이뤄진 역학조사에 따르면 그는 4~5차 감염자였을 것으로 추정된다. 즉, 31번 환자의 증상이 나타난 시점을 고려해볼 때 한국에서도 이미 1월 중순 무렵부터 대구·경북을 중심으로 코로나19가 조용히 퍼져나가고 있었던 것이다.

신천지교회 신도는 25만 명가량의 규모로 한국 전체 인구의 0.5퍼센트를 차지할 만큼 그 규모가 컸다. 그러나 한편으로는 신흥종교였고 매우 폐쇄적인 집단이었던 까닭에 상대적으로 대구·경북 지역 감염에 머문 측면도 있다. 신천지교회 내부에서는 재생산지수가 7에 달할 정도로 높았다. 그만큼 폐쇄적인 신흥종교였다. 그

● 이를 한국 바이오산업의 규제 완화 덕분이라고 말하는 것은 과장이다. 규제 완화가 아니어도 신속승인제도는 있었고, 이러한 기술은 다른 나라도 충분히 보유하고 있다. 단지 대응이 늦었을 뿐이다.

런가 하면 호남 지역 신천지 신도들 사이에선 한 명의 확진자도 발생하지 않았을 만큼 코로나19의 유행 양상은 지역적이기도 했다.

젊은 여성들도 감염인 중 매우 큰 비중을 차지했다. 이들은 한국에서 가장 취약한 성별·연령 집단이기도 하다. 이처럼 젊은 층이 많은 신천지교회 신자의 인구학적 특성도 한국의 사망률이 낮았던 중요 요인이었다. 이른바 '신천지 착시효과'다. 게다가 이들은 추적하기도 쉬웠다. 신도 명부는 검찰의 평가대로 나중에 압수수색을 통해 찾아낸 것과 실질적인 차이가 없었다. 한편 교인들은 신흥종교의 특성상 일상적인 외양을 갖추지 않았기에 범죄인 취급당하고 낙인찍히기도 쉬웠다. 마지막으로 신천지 감염 폭발은 대구·경북의 지역 감염으로 이어져 사회적 경각심을 대폭 강화했고, 사회적 거리두기나 개인 방역의 실천을 초기에 사회적 규범으로 만들었다.

둘째, 디지털기술을 이용한 감시체계가 큰 사회적 저항 없이 작동했다. 휴대전화 위성위치확인시스템GPS을 통한 위치추적과 통화내역 조회, CCTV 모니터링, 신용카드 사용처 조회를 통한 동선 추적은 K-방역의 주요한 성공 요소였다. 이는 초기 신천지교회 신도들이 범죄화되면서 상대적으로 큰 사회적 저항 없이 받아들여졌다. 또한 한국은 모든 개인이 주민등록번호를 가지고 있고, 국가가 전 국민의 사진과 지문을 보유하고 있는 국가다. 이런 시스템은 역학조사가 시작되면 10분 안에 모든 자료가 도착할 정도로 신속하고 효율적인 기술감시체계를 가능케 했다. 그러나 고도화한 디지털 감시체계에는 당연히 인권침해 요소도 있었다. 심지어 한 지자체는 안면인식 열측정기를 도입하기도 했다.•

셋째, 노동자들의 초과노동이 있었다. 의료현장이 대표적이었다. 한국은 간호사의 1인당 환자 수가 유럽 국가의 3배 수준이다. 그런데 대구·경북에 집단발병이 발생하면서 상황은 더 악화됐다. 간호사 1인이 많게는 환자 20명까지도 봐야 하는 상황이 된 것이다. 대구·경북에는 4만 개의 급성기 병상이 있었지만, 이 가운데 극히 일부만이 공공병원과 일부 민간병원에서 쓰일 수 있었다. 의료 인력도 모자라 공보의, 군간호장교를 포함해 전국의 자원봉사 의료진이 동원되어야 했다. 그나마도 공보의 등은 초임 의사가 많아 선별진료소에 활용할 수밖에 없었고, 인력이 턱없이 부족했던 의료진은 그야말로 자신을 '갈아 넣는' 노동을 했다.

이는 주로 국공립병원의 절대적 부족에 더해 초기 중증환자 분리에 실패했던 까닭인데, 의료인들은 초과노동으로 대응능력의 부족을 메꾸었다. 대구의료원, 경북대학교병원, 대구보훈병원, 대구산재병원, 심지어 국군대구병원까지 환자들을 내보내고 코로나 전

• 진보네트워크센터, 「서울시 성동구청 인공지능 얼굴인식 체온 카메라 설치에 대한 공개민원 및 질의」, 2020년 5월 15일 자.

포스트 코로나 사회

담 병원으로 사용됐으나 여전히 대구 국공립병원의 1200병상만으로는 역부족이었다. 계명대학교 동산병원이 이사를 가고 남은 200병상을 빌려 썼고, 영남대학교병원·대구가톨릭대학교병원에서도 100병상씩을 활용했으나 결국 전국의 국공립병원이 동원되어야 했다. 경남의 마산의료원, 창원산재병원, 결핵 치료를 전문으로 하는 국립마산병원까지 환자를 내보내면서 코로나 전담병원으로 지정되어야 했다. 여기에 충남대학교병원, 충북대학교병원은 물론 전남대학교병원, 서울 국립의료원, 서울의료원, 서울대학교병원까지 동원되었다. 10퍼센트의 국공립병원이 대구·경북 환자의 75퍼센트를 맡았고 나머지 환자들을 민간병원이 맡았다.

이 과정에서 의료진, 특히 간호사들의 노동은 원래도 과부하였지만 코로나 사태로 그 정도를 넘어섰다. 방호복을 입으면 숨이 막히고 땀이 나 보통은 2시간마다 교대를 해야 한다. 그러나 일부 간호사들은 5시간까지 방호복을 입고 환자를 돌보아야 했고, 심지어 소변을 보러 화장실조차 갈 수 없어 방호복 안에서 해결하는 경우도 있었다고 한다.[•] 간호사들뿐만이 아니다. 응급구조사, 소방서 노동자들도 환자 이송을 위해 초과노동을 해야 했고, 병원 내에서 환경미화와 간호보조를 담당하는 노동자들도 똑같이 방

[•] 건강과대안·보건의료단체연합·공공운수노조 의료연대본부, 「코로나19와 싸우는 의료현장에서 듣는다」, 2020년 5월 8일 발표.

호복을 입고 초과노동을 해야만 했다. 접촉자 추적에는 공무원 경찰노동자들이 동원되었고, 디지털 감시에도 수많은 사람의 노동이 필요했다. 한국의 놀라운 추적 속도와 진단 건수는 이들의 초과노동에 힙입은 것이었다.

넷째, 시민의 높은 안전감수성과 대처능력도 한몫했다. 이는 한국 시민들의 경험에서 비롯된 것인데, 멀리는 2008년 미국산 쇠고기 광우병 위험 시위에서부터 가깝게는 2015년 메르스 사태의 경험이 있었다. 또 2014년 세월호 참사의 경험도 큰 영향을 미쳤다. 세월호 사건이 시민들의 안전감수성에 미친 영향은 복합적이었는데, 무엇보다 당국의 미흡한 대처가 가장 큰 실정으로 남았다. 이런 국가재난의 경험은 정권을 교체하고 새로 선출한 정부에 대한 믿음의 바탕을 이루기도 했으나, 반대로 '알아서 살아남아야 한다'는 각자도생 정신이 개인의 안전감수성에 반영되게도 했다. 이것이 사회적 거리두기나 마스크 쓰기 등 개인 방역의 준수로 나타났다는 해석도 가능하다.

크게 보아 이 네 가지가 K-방역의 실체다. 그 성공 여부는 살펴본 대로 체계적 성공이라기보다는 '천운'과 함께 조기 대응, 기술 감시체계, 노동자 갈아 넣기, 시민의 대응 등 복합적 요인에 의지해 겨우겨우 버틴 것이라 할 수 있다. 특히 이 과정에서 방역능력과는 별개로 의료 대응능력의 처참한 수준이 드러났다. 공공병상과 중환자실의 부족, 훈련된 의료인력의 부족, 개인 보호장비와 필수 의료장비의 부족, 컨트롤타워의 부재를 지금부터 해결하지 않으면 우리는 코로나 2차 파고에 제대로 대응할 수 없을 것이다.

불평등을 넘어 포스트 코로나 체제로

흔히 바이러스는 누구에게나 평등할 것이라고 생각한다. 바이러스에 눈이 달린 것도 아닐뿐더러, 코로나바이러스는 10만 분의 1센티미터 정도로 아주아주 작디작은, 생물도 무생물도 아닌 무엇에 불과하기 때문이다. 그러나 바이러스의 전파는 결코 평등하지 않다. 바이러스는 인간으로부터 인간에게로 번지기 때문이다. 그리고 이 사회는 사회적 약자들, 노동자와 소수자, 소외된 사람들에게 언제나 더 가혹하다.

많은 전문가와 경제기구의 분석을 굳이 인용하지 않더라도, 자본주의는 1830년대 대공황 이래 최악의 위기를 맞고 있다. 경제위기가 닥쳤을 때야말로 불평등이 가장 심화되는 시기다. 인류는 지금 공중보건위기와 경제위기를 동시에 겪어야 하는 비상한 국면에 접어들었다. 더욱이 현재와 같은 탄소경제를 운영하면 10년 내에 기후위기는 돌이킬 수 없는 상황에 돌입한다. 이런 점에서 지금 우리는 3중의 위기에 처해 있다. 앞으로 몇 년간의 대처가 인류의 멸종인가 문명의 지속인가를 가르는 운명의 선택이 될 수도 있다.

로자 룩셈부르크는 한 세기 전 '야만인가 사회주의인가'라는 질문을 인류에게 던졌다. 인류는 결국 제1차 세계대전 후 닥친 1930년대 대공황과 제2차 세계대전으로 이어지는 야만의 길로 내달렸다. 지금은 그때와 차원이 다르다. 우리는 야만인가 자본주의의 극복인가가 아니라, 멸종인가 아니면 다른 길인가를 물어야 하는 시점에 있다.

어떻게 하면 불평등을, 이 위기를 극복할 것인가. 자본주의의 불평등 재생산을 온존하는 방법으로 나아간다면, 더욱이 이 재난을 빌미로 불평등을 심화하는 '재난자본주의'의 길로 나아간다면 인류는 멸종의 길에 한 걸음 더 다가가게 될 것이다. 코로나 시대에 인류는 약자에게 짐을 떠넘기지 않으면서 이 위기를 극복하는 길을 찾아야만, 불평등을 넘어 기후위기 속에서 생존을 모색할 수 있을 것이다. 이 일은 새로운 사회를 꿈꾸지 않고서는 이룰 수 없다. 이것이 포스트 코로나 사회를 살아야 하는 우리에게 주어진 과제다.

이 글은 2020년 3월 11일 『프레시안』에 기고한 「바이러스는 평등한데, 인간은 평등하지 않기 때문에」('진실의힘' 뉴스레터로도 발행되었다)를 보완하고 확장한 것이다. 집필 과정에서 앞의 글의 상당 부분을 별도의 인용 표시 없이 가져왔으나, 두 글은 분량도 내용도 다름을 밝혀둔다. 전문은 다음에서 확인할 수 있다. http://www.pressian.com/pages/articles/282689.

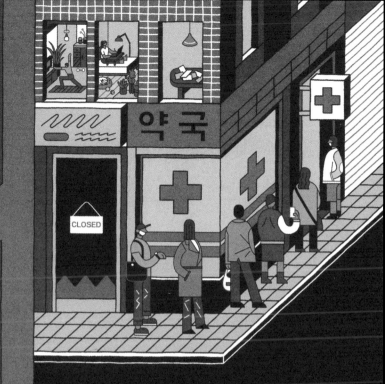

백소영

전염병과
종교

팬데믹, 21세기의 흑사병?

불과 몇 달 전까지만 해도 상상하지 못했던 일이다. 졸지에 신천지와 한 범주에 묶여 '감염원'으로 응시되고 비난을 받다니! 하긴, 교리적 차이나 이단성 이슈는 비신자들에게는 인식과 판단의 척도가 아닐 것이다. 코로나19라고 불리는 바이러스로 인해 세계적 단위의 감염과 죽음의 공포에 사로잡힌 사람들에게, 가장 중요한 판단 기준은 집단 감염의 위험성일 테니. 그 기준으로 볼 때 교회는 간헐적으로 모이는 클럽이나 술집보다 오히려 더 걱정되는 '고위험군'이다. 일주일에 한 번 꼬박꼬박 밀폐된 공간에 모여 비말감염이 촉진되는 찬양을 열성적으로 부르는 친밀성의 집단이니. 그나마 통합된 의사결정 구조를 가진 가톨릭은 안정화되기 전까지 전면 미사 금지 선언을 일괄적으로 따른 반면, 개신교는 개별 교회 목사의 결정으로 움직이는 까닭에 확진 사례들이 드러날 때마다 집중적인 비난을 받았다.

상황이 이러하다보니 조심하면서 몸을 사리는 수밖에 없었다. 하여 주일 예배의 온라인화는 물론 교회력에 따라 엄격하게 지켜지던 부활절 예배를 미룬 교회들도 있다고 들었다. 하긴, 팬데믹 상황에서는 예수님도 이해하실 거다. 어차피 2000년 전 부활하신 분인데 기념일을 몇 주 미룬들 그리 큰일날 일은 아니지 않은가. 기독교만이 아니다. 유대교 최대 축제인 유월절 행사도, 이슬람 라마단도 막강한 전염력을 가진 질병 앞에서는 예외적으로 축소될 수밖에 없었다. 생명이 움트는 봄인데도 죽음의 소식들이 들려와 더욱 잔인한 2020년의 어느 시기를 우리는 이렇게 우울하고 소심하게 보냈다.

하지만 절망만 있었던 건 아니다. 이를 기회 삼아 예배의 본질이 무엇인지, 종교인의 소명이 무엇인지 다시 묻는 건강한 움직임도 시작되었다. 일주일에 한 번 예배당에 모여 틀에 짜인 의례와 절차로 진행되는 현재의 예배 형식을 예수께서 지정하신 것은 아닐진대, 이참에 형식과 내용을 구분해보려는 시도들이 관찰된다. 말씀 선포(케리그마kerygma)와 친교(코이노니아koinonia), 봉사(디아코

니아(diakonia)가 교회의 핵심적 요소라면 이 셋을 다 붙잡으면서도 '바이러스 없는virus-free' 방식의 교회됨이 가능하지 않겠냐는 희망론인데, 매우 고무적인 일이다. 4차 산업혁명으로 인해 비대면 상호작용이 획기적으로 증가할 문명적 전환기에 어차피 한 번은 해야 할 고민이었다.

다시 연결하다, 종교가 가진 힘

무엇보다 사람과 신, 사람과 사람, 사람과 자연을 '다시 연결하려는' 종교의 근본 동기는 인류의 매우 소중한 능력이자 자산이다. 영어로 종교를 뜻하는 'religion'의 어원을 추적하는 학자들은 라틴어 'religare'에 주목한다. '다시 연결하다'라는 뜻이다. 유대-기독교 경전의 처음 창조 이야기에 등장하는 에덴동산에서 신과 자연과 사람은 연결되어 있었다고 고백된다. 그 동산에서도 사람은 경작(일)을 하였으나 땀 흘리는 고된 노동이 아니어도 먹고살 만큼 땅은 풍요로운 소산을 내었다. 사람과 자연이 조화롭고 화목했다는 말이다. 하느님과도 동산을 함께 거닐 만큼 친밀했다. 처음 남자와 여자도 서로 책임을 전가하거나 지배하고 지배받지 않았다. 「창세기」 3장 타락 이야기의 핵심은 우리가 '기쁨(에덴)'이 충만

한 화목한 연결감을 잃어버리게 되었다는 것이다. 누구 탓인가는 중요하지 않다. 결과적으로 인간 실존은 신과도, 이웃과도, 자연과도 화목하지 못한 소외된 현재를 고통스럽게 직면할 수밖에 없다.

'할 수 없지, 각자도생이다.' 만약 사람들이 이렇게 생각하고 살았다면 종교는 발생하지 않았을 것이다. 아니, 호모사피엔스는 이 세상에서 일찌감치 멸종되었을 것임에 틀림없다. 『사피엔스』의 저자 유발 하라리의 말마따나 호모사피엔스가 가진 놀라운 능력, 즉 상상하기를 의례와 제도로 만들어 많은 사람을 통합하고 한데 결집할 수 있게 하는 '창조적 상상력'이 우리를 이제껏 생존하게 했다. 다른 짐승들처럼 생득적으로 경쟁력 있는 무기를 장착하고 태어나지 않았을뿐더러, 같은 '호모' 종인 네안데르탈인처럼 신체 조건이 뛰어나지도 않았던 종이다. 그런데 "우리는 여호와 하느님의 백성이다" "하느님은 우리의 아버지 되신다"와 같은 신앙심은 물리적 거리나 시간적 차이를 넘어 같은 신앙을 가진 신자들을 연대하게 했다. 그렇게 '다시 연결'하여 위기를 극복하게 하는 힘이 종교의 핵심인 셈이다.

믿으면 낫는다?

그래서 종교가 인간 상상력의 산물이라는 것인지…… 이 글이 다루려는 주제는 물론 그것이 아니다. 다만 유신론자인 나는 상상력이 허구와 동의어라고 생각하는 사람이 아니라는 점만 밝혀둔다. 하느님의 '루아흐ruach(숨)'가 가득 찬 이 세상에서 인간의 종교적 상상력은 실재와 만난다고 믿는다. 하여튼, 사람은 믿어야 산다. 그래야 사람의 연약함에도 불구하고, 현재의 불안함에도 불구하고, 미래에의 불확실함에도 불구하고, 신에게 잇대고 사람들끼리 도우며 자연과 더불어 살아갈 수 있다.

　문제는 인간 실존의 불안함이 극대화되는 상황(지금의 집단 감염병처럼)에서 절대적 신념체계를 갖춘 종교가 엉뚱하고 부적절한 방향으로 통합을 이루려 시도할 때다. 광화문 광장에서 정권 퇴진 집회를 주최한 한 목회자는 걱정 말고 모임에 참여하라고 독려하면서 "바이러스에 감염된 사람조차 이 집회에 나오면 주님이 고쳐주신다"고 장담을 했다 한다. 나도 신앙인인데, 주님의 치유 능력을 의심하자는 것은 아니다. 하지만 온 나라가 '사회적 거리'를 이야기하면서 서로에게 감염원이 되지 않고자 조심하는 시절에 과연 저 선포는 '주님의 능력'을 증명하기 위함이었을까, 아니면 특수 유익을 위하여 주님의 이름을 악용한 것일까?

문득 중세 유럽에 흑사병이 창궐했던 당시, 교회의 유익을 위하여 '성년聖年'을 앞당겨 선포하며 성지 방문을 종교적으로 정당화했던 사건이 생각났다. '성년'은 가톨릭 전통으로 대사면大赦免이 선포되는 해다. 14세기가 막 시작되었을 무렵에 생겨난 이래 처음에는 100년에 한 번씩 돌아오는 해로 정했었다. 히브리 성서로부터 근거한 안식일(7일), 안식년(7년), 희년(50년)이 이미 교회 전통으로 자리 잡고 있으니, 자연스럽게 이어지는 100년째의 거룩한 날은 꽤 설득력 있는 교회력인 셈이다. 중세 가톨릭의 가르침에 따르면, 성년이 선포되면 신자들은 성소聖所를 방문하여 자신의 죄를 씻을 수 있었다. 교황이 선포한 대표적 성소는 가톨릭 본부가 있는 로마의 성베드로 성당과 성바오로 성당이었다. 자신들의 특수 유익을 위하여 십계명도 임의로 해석해 "이교도를 죽이는 것은 살인이 아니다"라고 선포했던 중세의 막강한 교회는, 성년에 성소를 방문하는 신자들이 죽으면 연옥에서 여죄를 불사르는 고통 없이 곧바로 천국에 이른다고 장담했던 것이다.

그러나 100년 간격을 앞당겨서 희년과 같은 주기인 50년, 그도 길었는지 예수님의 생애에 해당되는 33년을 새로운 주기로 선포하던 14세기는 하필 유럽 인구의 거의 절반이 흑사병으로 죽어나가던 때였다. 지금처럼 바이러스의 정체를 명확히 알고 있는 시절에도 전염병은 공포인데, 하물며 원인도 대처 방법도 명확히 할 수 없었던 때에는 얼마나 더 무서웠을까. 한두 사람 걸러 한 명씩 죽어나가는, 그것도 끔찍한 모습으로 급사하는 무서운 상황에서 사람들은 간절했을 것이다. 그런 사람들을 향해 사제들은 교황의 권위에 잇대어 외쳤다. "성소를 방문하라! 그러면 낫는다." 결과적으로 가중된 집단 감염과 집단 죽음은 피할 수 없는 일이었다.

너 때문이다, 희생양 만들기

신의 이름으로 선포했음에도 불구하고 낫지 않았을 때, 아니 더 심각하게 집단 감염으로 수많은 신자가 죽어나가는 상황이 벌어졌을 때, 종교 지도자들은 이 난감한 상황을 어떻게 수습했을까? 가장 쉬운 해결책은 '밖의 적'을 찾는 것이었다. 이번에 대구를 코로나 감염의 온상지로 만들어버린 신천지의 교주는 이게 다 사탄마귀의 농간이라고 '해명'했다. 자신들의 종교 집단이 워낙 급성장을 하니 마귀가 시기 질투를 했다는 거다. 몇몇 교회 목회자는 코로나바이러스가 중국에서 창궐한 이유를 '중국 공산당이 기독교를 탄압'해서라고 주장했다. 언젠가 철학은 답도 없이 자꾸 묻기만 해서 머리 아프고 신학은 묻지도 않은 질문에 자꾸 답을 해서 곤혹스럽다는 말을 들은 적이 있는데, 그야말로 의학적으로 밝혀야 할 감염병의 원인에 대해 종교 지도자들이 굳이 확답을 하겠다고 나서니 참 민망한 일이다.

사실 집단 전염병을 '신의 저주'와 연결하여 해석한 역사는 오래되었다. 유대-기독교 경전만 봐도 그러하다. 여호와의 뜻을 어기고 이스라엘을 내보내지 않았던 이집트 파라오의 완악함은 그의 나라에 천재지변과 전염병이 창궐하게 되는 결과를 가져왔고(「출애굽기」 7~12장 참조), 이스라엘의 언약궤를 빼앗아간 불레셋은 전염병으로 초토화되었다(「사무엘상」 5장 참조). 이방인들뿐만이 아니었다. 왕좌에 오른 다윗이 '자기 백성들'이 얼마나 되나 인구조사를 한 교만함에 대한 형벌로 사람들이 떼죽음을 당하기도 했다. 이에 대하여 「역대기」 사가는 "사탄은 이스라엘을 괴롭히려고 다윗으로 하여금 이스라엘의 병적을 조사할 마음을 품게 하였다"(「역대기상」 21:1)라고 풀이한다. 초기 이스라엘은 여호와만을 왕으로 섬기며 사람들끼리는 평등하고 자유롭게 살아가는 대안적 질서를 믿었던 공동체였다. 그 믿음 때문에 이집트 제국의 수직 위계 질서를 떠나온 사람들이다. 인간-왕의 출현도 낯선데 사람들을 '자기 백성'으로 응시하려는 자세는 얼마나 교만한 일이었을까? 단지 사흘만의 전염병으로 7만 명이 죽었던 참상은(「역대기상」 21:12, 14) 바로 사람들 위에 군림하고 으스대고 싶었던 인간-왕 다윗의 죄 때문이라는 해석이다.

실제로 그것이 신의 저주(형벌)였는지 실증적으로 증명할 수는 없어도, 당연히 이러한 전염병은 리더십을 가진 개인이나 공동체로 하여금 자신들의 죄를 자복하며 반성하고 성찰하게 하는 계기가 되기 마련이다. 이번에도 코로나19로 고통당하는 중에 이를 자기성찰의 종교적 계기로 삼는 기독교인들을 보게 된다. 특히 생태신학적 입장을 취하는 기독교인들은 이 전염병을 한 개인에 대한 징벌이라기보다는 이윤 추구를 위해 자연의 영역까지 침범한 인간의 이기심에 대한 경고로 받아들이고 있다. 인간의 끝 모르는 욕망과 쾌락의 도시 문화가 전염병을 촉발하고 확산시켰다는 이해다. 그러면 답은? 이 입장은 창조세계의 보전과 각자의 경계를 존중하는 자세를 강조한다.

전염병의 원인을 '신의 저주'로 보든, '인간 욕심의 결과'로 보든 이를 계기로 자기반성을 하려는 종교는 해롭지 않다. 그러나 전염병의 원인으로 이웃을 지목할 때, 종교적 신념은 끔찍한 혐오, 때로는 살육을 초래하게 된다. 돌이켜보면 기독교 역사에서도 부끄러운 기억들이 있다. 중세 흑사병이 돌던 당시에는 애먼 유대인들이 희생양이 되었다. '흑사병'이라는 이름이야 후에 붙었다지만, 온몸이 시커멓게 괴사되어 죽어가는 병증을 보며 그 이유가 '유대인이 우물에 독을 풀어서'라는 괴소문을 퍼뜨린 이들은 기독교인이었다. 예수를 십자가에 못 박았던 선조들로 인해, 기독교적 유럽에서 유대인들은 역사의 위기 상황마다 유럽 기독교인들을 결속시키는 희생양이 되었다. 정말 믿었던 것인지 아니면 죽음의 공포를 직면하여 발휘된 광기였던 것인지, 유대인 마을을 습격하여 어린아이 노인 할 것 없이 모두 살육하는 일도 벌어졌다. 유대인들이 상대적으로 역병에 걸리지 않았던 것도 기독교인들의 의심을 부추겼다. 그러나 이는 유대교가 종교적 이유에서 정결의식을 자주 수행했던 까닭으로, 그야말로 요즘 질병관리본부에서 그렇게나 강조하는 손 씻기의 모범 사례였을 뿐이다. 하지만 집단 죽음의 공포는 사람들을 합리적으로 사고하지 못하게 만들었다. 그것은 유럽과 미국에서 동양인의 얼굴을 한 사람들이 테러를 당하는 21세기에도 달라지지 않은 듯하다. 이런 집단 광기에 종교적 정당화가 더해진다면 어떤 일이 벌어질까? 이 부끄러움이 그저 과거의 일만은 아닌 것 같아 두렵고 우려스럽다.

무엇보다 안타까운 것은 집단 공포 상황에서 희생양이 되는 이들이 언제나 약자라는 사실이다. 사람들이 힘을 보태지 않아도 바이러스와 세균은 약자들에게 더 가혹한 법이다. 먹거리가 많지 않아 평소 건강 상태가 양호하지 못했던 빈민들은 병을 이겨낼 면역력이 약하다. 매일의 일당을 위해 가가호호 택배를 나르고 시내버스를 운전하고 마트 계산대에서 소비자들을 마주해야 하는 서민들은 정부에서 권고하는 '사회적 거리'를 유지하기 어렵다. 미국의 한 유명 대중가수는 정부 차원에서 2주간의 엄격한 자가격리 정책을 발표하자 우아하게 장미 꽃잎 띄워놓은 욕조에서 반신욕을 즐기며 소셜미디어에 "코로나가 인류를 평등하게 만든다" 운운했고, 이 때문에 세계인들로부터 질타를 받았다. 미국에서 코로나 사망률이 높은 인종이 흑인, 계층적으로는 도시 빈민인 것은, 코로나 초기에 방역을 잘하던 싱가포르에서 갑자기 확진자 수가 증가한 집단이 이주노동자였던 것과 그 사회적 원인에 있어 다르지 않다. 이들은 생존하기 위해 사회적 거리를 유지할 수도, 위생과 안전을 신경 쓸 겨를도 기회도 없는 사람들이었다.

감염병에 임하는 종교인의 자세

감염학자들은 물론 세계적 석학, 경제학자, 정치가들이 입을 모아 말한다. 우리는 이제 코로나 이전의 세상으로 돌아갈 수 없다고. 하여 '포스트 코로나'에 대한 논의들이 한창이다. 소위 시장을 '신神'만큼이나 절대화했던 신자유주의적 자본주의 시스템에 대한 문제 제기와 해결 모색에도 박차가 가해졌다. 생산 시장과 소비 시장이 글로벌한 스케일로 거미줄처럼 연결된 우리 세계에서 2주 혹은 그 이상의 '셧다운'은 개인과 핵가족의 생존만이 아니라 한 국가와 기업, 나아가 세계 경제와 정치의 근간을 흔드는 문제가 된다는 것을 단기간에 배웠기 때문이다.

감염병의 창궐은 단기적으로는 친밀한 집단으로 모이는 교회의 존재 방식을 의심 가득한 눈으로 응시하는 계기가 됐지만, 장기적으로 볼 때 교회의 존재 방식은 신자들에게뿐만 아니라 시민사회에서도 하나의 '생존 공동체' 모델로 주목받을 것이다. 물론 희생양 만들기의 배타적 혐오와 사탄의 농간 운운하는 비이성적 접근 방식을 그친 뒤에야 가능한 일이다. 그동안 지나친 이상주의라고 비웃었을 교회의 '자발적 소유 나눔'이 조만간 시민사회의 공동체적 덕목이 되어야 한다. 칸트적 의무명령이 아니다. 그래야 산다는 생존의 의미에서 하는 말이다. 주일 예배를 그친 공간에서 지역 주민들, 특히 노약자나 도움이 필요한 분들을 위해 마스크를 만드는 신자들의 소식이 들린다. 온라인 개학으로 인해 더욱 교육의 사각지대로 몰린 조손 가정 아이들, 도시 빈민 자녀들을 위해 일대일 학습도우미를 자처한 기독 청년들의 소식도 들린다. 아무리 못해도 하루 한 끼는 먹어야 생명을 유지할 수 있는 법인데, 그 절실한 필요를 위해 자신의 소유를 나누려는 사람들의 도움은 인간 이웃만이 아니라 동물들에게까지 확대되는 중이다.

전염을 방지하기 위한 '사회적 거리'가 '영적 거리'마저 벌려놓을 수는 없는 법이다. 마치 시간이 멈춘 듯 기존의 사는 방식이 온통 작동하지 않는 이때는 어쩌면 신과 인간, 인간과 인간, 인간과 자연의 관계성을 돌아보기 위한 적기일 것이다. 이런 숙제를 위하여 신이 주신 시간이라고? 그건 내가 답할 수 없는 질문이다. 그러나 이미 주어진 이때를 어찌 채워나가야 하는지에 대한 기독교적 답은 알고 있다. 마주 봄! 요즘 시절에 가장 겁먹을 단어이나 이는 창조 때부터 하느님이 '도움(에제르ezer)'을 주고받기 위한 기본 설정으로 사람에게 부여하신 '사이-공간'이다. 2미터냐 3미터냐 하는 물리적 거리를 의미하는 것이 아니다. 이 영성의 거리는 물리적으로는 아주 가까울 수도 있고 아주 멀 수도 있다. 자신이 감염될 위험에도 불구하고 소명을 가지고 감염지로 뛰어든 그리스도인 전문가와 봉사자 들에게 영성의 거리는 '내가 감염되어 죽을 수도 있을 만큼' 가까운 거리다. 사실 초대 교회(2~3세기) 당시에 로마제국에 창궐했던 전염병으로 로마 시민 3분의 1이 죽어나가던 시절에, 죽음을 무릅쓰고 병자들을 돌본 기독교인들은 놀라운 이름을 선사받았다. 파라볼라노이parabolanoi, '위험을 무릅쓰는 자들'이라는 뜻이다.[•] 강도 만난 유대인에게 다가간 사마리아인도 위험을 무릅쓴 자다. 살리기 위하여 자기 경계를 넘어서는(이것이 '선교

• F. L. Cross and F. A. Livingstone ed., *The Oxford Dictionary of the Christian Church*, Oxford University Press, 1977, 1029-1030을 우리말로 번역하면서 역사신학자 이상규는 '파라볼라노이'를 "위험을 무릅쓰는 자들"이라고 표현했다. 가장 최근의 인용 출처는 안명준 외, 『전염병과 마주한 기독교』, 도서출판 다함, 2020, 123쪽을 참조.

missio'의 핵심이 아닐까) 사람들은 다 위험을 무릅쓸 수밖에 없다. 그렇게 '다시 연결되기' 위해서 각오하는 사람들, 그들이 종교인이라면 감염병 시대에 신앙인들의 영적 민감성은 새로운 관계 방식을 상상하고 만들고 실천하도록 이끌 수 있는 우리의 능력이요 자산이 될 것이다.

조한진희

코로나와 젠더:
정의로운 돌봄을 향하여

질병은 여성과 가깝다. 아이가 아플 때 책임의 눈길은 어머니를 향한다. 가족 중 아픈 사람이 있을 때 주로 돌보는 이는 어머니, 아내, 며느리, 딸이다. 물론 아픈 사람이 없더라도 집안의 의사는 어머니라는 말이 있듯이, 평소 가족의 건강을 살피는 이는 주로 여성이다. 코로나19가 발생한 뒤 손 씻기 싫어하는 아이를 달래서 세면대로 데려가고, 가족 중 누군가 가볍게라도 기침을 하지는 않는지 예민하게 살피며 체온계를 준비한다. 전업주부들은 '세끼지옥' 속에서도 가족의 면역력을 위해 식단에 더 신경 쓰고, 워킹맘들은 퇴근길에 스마트폰으로 영양제와 식재료를 주문하면서 질 좋은 집밥을 해주지 못하는 데 죄책감을 느낀다. 물론 이뿐만이 아니다.

코로나19로 보육시설이 문을 닫고, 학교가 온라인으로 개강했다. 요양원이나 병원에서 집단 감염이 발생하면서 무리해서 퇴원을 결정하고, 감염을 우려하여 돌봄 담당자들과의 접촉을 꺼리며 요양보호사, 간병인, 장애인 활동지원사, 가사노동자를 '해고'하는 일이 급작스레 늘었다. 그동안 각 영역의 전문가들이 담당하도록 탈가족화한 돌봄은 빠르게 해체되었다. 페미니스트들의 오랜 노력으로 겨우 사회화했던 돌봄이, 폭발적으로 집으로 몰려든 것이다. 지난 3월 제주에서 한 어머니가 발달장애 아이와 동반 자살한 사건*을 군이 언급하지 않더라도, 많은 여성이 과도한 돌봄노동에 시달리고, 가족과 '거리두기'가 되지 않는 상황이 장기화되면서 정서적 과로사 위기로 밀려나고 있다.

혼란스러운 코로나19 정국에서 거의 유일하게 확실한 것은 이 사태가 장기화되리라는 점과 코로나19가 종식되어도 사스, 메르스, 에볼라 이후 코로나19가 왔듯 이어서 또 다른 감염병이 유행하리라는 점이다. 따라서 감염 예방 대책도 필요하지만, 동시에 감염병 시대에 일상을 유지하는 일도 관건이 되고 있다. 특히 여러 공간이 폐쇄되고 돌봄이 집 안에 갇혀버리는 현실에서, 이를 위한

---

* 전국장애인부모연대, 「코로나19 발생 80일, 1585명의 부모가 말하는 발달장애인과 가족의 삶: 코로나19 기간, 발달장애인 및 가족 건강과 생활 설문조사 결과 발표」, 2020년 4월 9일.

대책이 더 중요해지고 있다. 이 현실에 대안이 필요하다는 것은 긴급돌봄이나 돌봄수당, 거리가 유지되는 소규모의 안전한 돌봄이 제도적으로 좀더 촘촘하게 제공되어야 한다거나, 돌봄의 공공성이 강화되어야 한다는 차원의 주장만은 아니다.

　더 본원적인 이야기를 해보자. 돌봄을 사회화하고 제도화하는 일은 중요하지만, 그렇다고 모든 돌봄을 '사회화'할 수만은 없다. 손 씻기, 마스크 착용, 사회적 거리두기 지침이 전 사회 구성원의 일상에서 지켜지기 위해서는 일상의 돌봄노동이 작동해야 한다. 이를테면 마스크 착용을 힘들어하는 노년의 아버지를 모시고 이비인후과와 한의원을 들락거리고, 학원을 못 가는 취준생 아이의 불안을 토닥이는 일들 말이다. 그런가 하면 감염 위험으로 집에 머무는 시간이 길어지면서 가족 구성원 간의 갈등이 심화되기도 하는데, 이때 갈등을 파악하고 구성원들의 감정에 공감해주고 대립을 완화하는 돌봄 속에서 집은 머물 만한 공간이 되고 우리는 인내심을 유지하며 외출을 자제할 수 있다. 이런 노동을 어디까지 사회화할 수 있을까. 그리고 사회화할 수 없는 돌봄을 언제까지 여성이 사랑의 이름으로 수행해야 할까.

부정의한 돌봄의 분배

경제협력개발기구OECD의 가족 데이터베이스(2016)는, 집 안에서 성별에 따른 돌봄노동 시간의 격차를 잘 보여준다. 한국 여성의 가사 및 돌봄 시간은 전체 생활시간 중 17.1퍼센트, 주당 약 28시간 43분이다. 반면 한국 남성이 가사 및 돌봄노동에 사용하는 시간은 전체 생활시간 중 3.8퍼센트, 주당 약 6시간 23분으로 OECD 국가 남성 중 가장 짧다.[*] 여성과 비교하면 4분의 1도 안 되는 시간이다. 또한 잘 알려져 있다시피, 남성의 하루 평균 가사노동 시간은 맞벌이 41분, 외벌이 46분으로 거의 차이가 없다(통계청, 2014). 가사노동은 여성의 몫이라는 사고방식이 여전하다는 것을 확연히 읽을 수 있는 부분이다. 이런 사고방식은 고용노동부가 코로나19 긴급지원으로 시행한 가족돌봄휴가 신청자 통계에서도 드러나는데, 신청자 중 남성은 36퍼센트, 여성은 64퍼센트로 거의 두 배의 차이를 보인다.[**]

돌봄이 이처럼 불공정하게 수행되고 무임승차가 팽배한 주요 이유 중 하나는 우리 사회가 여전히 남성 생계부양자 모델을 기본

---

[*] 김은지, 「돌봄 중심의 사회정책 정비 방안 연구」, 한국여성정책연구원, 2018.
[**] 이 비율을 두고, 평소 남성의 가사 및 돌봄노동 참여 비율에 비하면 여성의 절반 수준으로 참여가 늘었다고 해석하기는 어려울 것이다. 가족돌봄휴가를 신청할 수 있는 직장에 다니는 사람들의 성비 자체도 남성이 높기 때문이다.

으로 상징하고 있기 때문이다. 이 모델은 남성은 공적 영역인 직장, 여성은 사적 영역인 가정이라는 성별 이데올로기를 토대로 발전해왔고, 여성은 '본성'적으로 돌봄을 잘하고 남성은 '원래' 공감 능력이 떨어진다는 믿음은 이를 고착화했다. 남성이 생계를 부양하고, 여성이 자녀 양육을 담당하는 남성 생계부양자 모델이 깨진 지는 이미 오래되었으나, 돌봄의 성별성, 돌봄의 비민주성은 깨지지 않고 있다.

코로나19 이야기로 돌아와보자. 감염병이 주기적으로 인류를 찾아올 것이라는 전망 앞에서, 돌봄의 젠더 부정의injustice를 문제 삼는 것은 성평등만을 위한 게 아니다. 확진자를 낙인찍으면 안 된다고 말하는 것은 아픈 몸들의 인권 문제이기도 하지만, 차별과 낙인이 없어야 감염 사실을 숨기지 않게 되고 비로소 사회적 예방이 효과적으로 가능해진다는 점을 떠올려보자. 돌봄은 돌봄 수행자들의 인권, 나아가서 돌봄받는 이들의 인권 문제다. 동시에 집 안팎에서 적절하고도 질 좋은 돌봄이 가능한 사회가 되어야, 질병의 예방과 일상의 유지가 효과적으로 지켜질 수 있다는 점에서 사회적 안전과 직결된 문제이기도 하다. 돌봄이 곧 방역이라는 의미다.
특히 감염병 유행은 집에 머무는 시간을 늘리기 때문에, 집 안에서의 돌봄이 더욱 중요해진다. 돌봄이 없는 집을 상상해보라. 아이들이 보육시설이나 학교에 가지 않음으로써 집단 감염을 막을 수 있다고 해도, 집에서 다양한 안전사고 없이 건강하게 머물 수 있을까. 코로나19 이외의 질병, 이를테면 감기를 조기에 발견하고 치료하지 못해서 폐렴으로 악화되는 걸 적절히 막을 수 있을까. 아픈 이나 노년의 부모는 또 어떤가. 간병인이나 요양보호사의 노동시간으로 다 채울 수 없는 돌봄의 공백은 물론이고, 임노동 돌봄으로 채워지지 않는 부분은 어떻게 될까. 더 흔하게는 감염병으로 인해 집에 가족 구성원이 머무는 시간이 길어질수록 집 안의 청결도가 떨어지고, 적절한 관리가 이뤄지지 않으면 바이러스에 감염되지 않더라도 다양한 세균에 감염될 수 있다. 공간이 청결하게 유지되도록 노동을 분배하는 노동이 없다면 어떻게 될까. 요컨대 코로나19로 인해 폭발적으로 증가한 일상의 돌봄은 '여성의 과로' 위에서 유지되어왔고, 그 덕분에 우리의 일상과 안전이 이나마 지켜질 수 있었던 것이다.

일상 속 돌봄뿐이겠는가. 보건의료 영역에서도 마찬가지다. 코로나19에 대응하는 보건의료인에 대한 영웅담과 감사 인사가 쏟아지는 가운데 반드시 주목할 게 있다. 한국은 물론 세계적으로 보건의료 인력의 다수가 여성이며 그들이 일터에서 차별과 위험 속에 놓여 있다는 점이다. 지난해 세계보건기구 사무총장 테워드로스 아드하놈 거브러여수스는 전 세계적으로 보건의료 인력의

70퍼센트가 여성이지만, 전체 보건의료 조직의 70퍼센트에서 남성이 리더를 맡고 있고, 성별 임금 격차는 15퍼센트를 넘는다고 지적한 바 있다.[•] 한국은 의료에서 전문적 돌봄을 담당하는 영역인 간호 인력의 90퍼센트 이상이 여성인 가운데, 대규모 코로나 확진 사례가 발생했던 대구에서 의료진 확진자는 121명이었고, 그중 간호 인력이 107명 이라는 점은 의미심장하다.

돌봄노동을 제대로 평가하기

돌봄은 코로나19를 극복하는 과정에서 이렇게 막대한 역할을 맡고 있건만, 극복 방안이나 포스트 코로나 담론에서 사회적·정치적 의제로 다뤄지지조차 못하고 있다. 물론 이는 우연이 아니다. 돌봄은 자본주의사회에서 수시로 배제되어왔다. 태어났을 때 돌봄받지 못했다면 우리의 생명은 이어지기 어려웠다는 사실은 자주 지워지고, 질병이나 노화 앞에서 돌봄의 가치가 더 절실해진다는 사실은 종종 간과된다. 오랫동안 페미니스트들은 산소 없는 곳에서 생존이 불가능하듯, 돌봄 없는 곳에서 인류가 재생산되고 역사가 진전

• Tedros Adhanom Ghebreyesus, Senait Fisseha, "How Gender Parity Improves Global Health", *Project Syndicate*, 8 Mar 2019.

될 수 없음을 강조해왔다. 그러나 돌봄은 여전히 주변화되어 있다.

우리 사회에서 돌봄노동은 어떻게 '취급'되고 있는 것일까. 요양보호사나 간병인 구인구직 사이트에 들어가면 "석션 가능자, 6시간 6만 원" "재가 간병 12시간, 8만 원" 같은 식으로 환자나 노인의 상태와 근무 시간에 따라 비용이 책정되어 있다. 이용자 입장에서는 적지 않은 금액이지만, 반대로 돌봄노동자 입장에서 봤을 때 이는 적절한 금액일까? 또 다른 방문노동인 전기기사 출장 비용을 보자. 형광등 안정기 교체 기사 출장 비용을 검색해보니, 이 또한 천차만별이지만 4만 원에서 6만 원 정도이고 소요 시간은 20분 내외라고 나온다. 안정기 교체 방법을 찾아보니 전기 관련 지식이 전혀 없는 사람도 한두 시간 정도 인터넷을 검색하면 간단한 원리와 방법을 익힐 수 있고, 직접 교체하는 데 큰 무리가 없었다는 경험과 조언이 많다.

그럼에도 불구하고 돌봄기술과 전기기술에 대한 방문노동 임금 차이가 10배에서 15배나 차이가 나는 것은 과연 적절할까? 전기는 전문적인 기술이고 위험비용까지 포함된다는 의견도 있다. 돌봄은 전문적인 기술이 아니고, 위험하지 않을까. 돌봄은 사물이 아니라 사람을 대하기 때문에 좀더 복합적인 기술을 요하는 영역이다. 이를테면 소변줄을 교체하는 물리적 기술과 함께 환자가 수치심을 느끼지 않도록 교감하는 정서적 기술도 필요로 한다. 게

다가 아픈 이들을 돌보는 노동은 다양한 바이러스와 위험 환경에 노출되는 일이다. 실제 코로나19 상황에서도 청도대남병원을 비롯해 여러 의료시설에서 간병인과 요양보호사 들이 확진 판정을 받았고 심지어는 사망자가 나오기도 했다. 이런 상황에서도 지난봄 마스크 대란이 왔을 때 고용노동부는 취약계층 노동자에 대한 마스크 긴급지원 대상에 배달라이더 및 택시·버스 기사, 영세제조업체 노동자, 선박 근무 선원 등을 포함시키면서 요양보호사와 간병인 등 돌봄노동자는 계속 제외했다.•

돌봄의 정의로운 분배와 체제 전환을 위하여

자본주의사회에서 시장의 잣대는 돌봄의 가치와 기여도를 제대로 평가하고 의미화하지 못한다. 더 정확하게 말하자면, 저평가해야 저임금으로 묶어둘 수 있기 때문에, 시장도 정부도 돌봄을 제대로 평가하거나 대우할 의지가 없어 보인다. 장기화될 코로나19와 계속될 유행성 감염병 사회에 대비하려면 안전하게 잘 아플 수 있는 사회가 되어야 하는데, 이런 사회에서 어떻게 안전하게 아플 수 있

• 민주노총 공공운수노조 의료연대본부, 「돌보던 환자에게 감염되어 죽음을 맞은 간병노동자에게 애도를 표합니다」, 2020년 3월 17일.

포스트 코로나 사회

을지 의문이다.

돌봄의 정의로운 재분배와 정당한 평가가 필요하다. 이를 통해 안정적이고 질 높은 돌봄이 가능한 환경을 조성하는 게 전 인류의 안전을 보장하는 길이다. 거듭 강조하지만 돌봄은 정치경제적 문제이고, 감염병 대유행 시대에 돌봄을 어떻게 배치할 것인가는 인류의 생존을 조건 짓는 절박한 전략이다.

누가 어떻게 돌봄을 감당하는가―성별영향평가

나는 최소한 두 가지 논의가 우리 사회에서 진행되길 바란다. 첫 번째는 코로나19 방역 정책에 대한 일종의 성별영향평가Gender Impact Analysis & Assessment다. 앞서 보았듯 코로나19는 다양한 돌봄노동을 폭발적으로 증가시켰음에도 불구하고, 돌봄노동 영역의 젠더 부정의는 변화될 줄 모른다. 성별영향평가는 성중립적으로 보이는 정책들이 의도하지 않는 성차별적 태도를 견지하고 있지는 않은지 점검할 수 있는 유용한 방법이기도 하다. 우리는 이를 통해 누구에게 노동이 과도하게 부과되고 있으며 이런 불균형을 개선하기 위해 사회적으로 어떤 지원과 변화가 필요한지를 검토할 수 있다.

이를테면 방역 수칙인 "아프면 사나흘 집에서 쉰다"를 보자. 첫째, 아플 때 직장에 병가를 낼 수 있는가. 둘째, 아파서 직장에 병가를 내고 집에 머물 때 제대로 쉴 수 있는가. 셋째, 아파서 쉴 때 그 아픈 사람을 집에서 돌보는 사람은 누구인가. 최소한 이 세 가지에 대한 성별영향평가가 이루어져야 한다. 현실을 면밀히 보자. 우선 아플 때 일터에 휴가를 내기 어려운 노동자들이 상당수이며, 이는 저임금 비정규직 노동자들일수록 더욱 어렵다. 여성 노동자의 상당수는 저임금 비정규직 노동자다. 이들은 병가를 내는 것 자체가 어렵거나 병가를 냈다가 강제 휴직이나 해고 위험을 겪을 가능성이 높다.

그다음 아파서 일터에 병가를 내는 데까지 성공했다고 치자. 집에서 머물며 충분한 휴식을 취할 수 있을까? 이 질문은 다시, 두 가지 문제에 대한 논의를 촉발한다. 집은 쉼을 할 수 있는 안전한 공간인가, 그리고 노동을 멈출 수 있는 공간인가. 집에 머무는 시간이 길어지면서 가정폭력 피해가 증가했으나, 신고는 더 어려워졌다는 보고들이 있다. 우리는 '아프면 집에서 쉬기'뿐만 아니라, '사회적 거리두기' 자체가 가정폭력을 겪는 이들에게 바이러스보다 더 위험한 일상의 주문이었음을 상기할 필요가 있다. 그리고 또 하나, 집은 노동의 공간이기도 하다. 질병을 겪고 있는 여성 상당수가 집에서 쉴 수 없다고 토로한다. 이들은 아파도 집에 머무는 한 가사 및 돌봄노동을 쉴 수 없고, 가족이 있어도 자신을 돌봐줄 사람은 없다고 입을 모은다. 실제 여성 암 환자들의 경우 거동이

가능해도 가사와 돌봄노동을 쉬면서 최소한의 돌봄을 제공받기 위해 요양병원에 입원하기도 한다.•

마지막으로 아픈 사람을 돌보는 이는 누구인가. 누군가가 아파서 쉴 때, 그 아픈 사람을 집에서 돌보는 사람은 여성일 가능성이 높다. 2017년 보건복지부가 발표한 노인실태조사에 따르면, 남성 노인은 아내가 돌보고 여성 노인은 딸이 돌보는 형태가 가장 많았다.•• 물론 노화가 질병은 아니지만, 사회가 복지의 기본 단위로 설정해놓은 가족 안에서 돌봄의 배치와 성별성을 뚜렷하게 볼 수 있는 대목이다. 이러한 돌봄의 성별성이 좀더 극단적으로 드러나는 것은 배우자가 아플 때인데, 간병노동자들 사이에 이런 말이 있다. "남편이 병석에 누우면 아내가 골병들고, 아내가 병석에 누우면 남편이 바람난다." 이 말은 과장일까. 남성 암 환자는 배우자로부터 간병받는 경우가 96.7퍼센트다. 반면 여성 암 환자가 배우자로부터 간병받는 경우는 28퍼센트에 불과하고, 스스로 간병한

• 신성식 외, 「내 몸도 못 건사하는데 어떻게 아내·엄마 역할을…" 차라리 병원이 나아요」, 『중앙일보』, 2017년 7월 13일 자.
•• 돌봄의 세부 내용을 보면 청소, 빨래, 시장보기 돌봄에서 여성 노인을 돌보는 이는 딸(29.5퍼센트), 남편(23퍼센트), 맏며느리(15퍼센트)순이었고, 남성 노인은 아내(75.1퍼센트), 딸(12퍼센트), 맏며느리(8.1퍼센트)순이었다. 신체기능 유지 지원 돌봄에서 여성 노인은 딸 46퍼센트, 남편 19퍼센트, 맏며느리 16퍼센트순으로 도움을 받았고, 남성 노인은 아내 71퍼센트, 장남 13.5퍼센트, 딸 8.2퍼센트순으로 도움을 받았다. 남성은 돌봄 수행을 거의 하지 않고 있었고, 여성은 아내, 딸, 며느리라는 이름으로 돌봄의 대부분을 담당하고 있었다. 보건복지부, 『2017년도 노인실태조사 결과보고서』, 2018년 5월 30일(2019년 6월 5일 최종 수정).

다는 응답이 36.9퍼센트로 가장 많다.[•] 외도는 통계 자료로 확인할 수 없지만, 이혼의 경우 여성 환자의 이혼율이 남성 환자의 이혼율의 7배에 이른다는 보고가 있다.[••] 순환되지 않는 돌봄, 돌봄의 공백, 남성 생계부양자 모델의 오류를 단적으로 드러내는 대목이다.

이처럼 성별영향평가를 통해 우리는 돌봄, 안전, 공간이라는 것이 얼마나 성별화되어 있는지 알 수 있고, 이로써 어떤 지원과 보완책을 마련해야 하는지도 확인할 수 있다. 특히 우리 사회에서 돌봄이 얼마나 비가시화되어 있으며, 누구의 어떤 노동과 헌신을 에어백 삼아 우리의 안전이 담보되고 있는지와 함께, 그럼에도 불구하고 돌봄의 주체로 호명되는 존재가 정작 돌봄을 필요로 할 때는 받기 어려운 현실을 확연히 볼 수 있다. 우리는 이런 현실을 명징히 파악함으로서 일방의 희생이 아닌 정당한 분배를 통해 돌봄의 질을 향상시킬 수 있고, 성별과 상관없이 평등하게 돌봄과 안전을 누릴 수 있는 환경을 만들 수 있다.

물론 성별에 따른 실태뿐 아니라, 다양한 소수자에게 방역정책이 어떤 식으로 영향을 미치는지도 검토되어야 한다. '자가격리'가

[•] 신성식 외, 「더 서러운 여성 암환자…… 아내가 남편 수발 97퍼센트, 남편이 아내 간병 28퍼센트」, 『중앙일보』, 2014년 4월 14일 자.
[••] 김현희, 「암 걸린 女…… 남편을 조심하라」, 『사이언스타임즈』, 2009년 11월 21일 자.

혼자서는 신변 처리가 어려운 중증장애인에게 미치는 영향, 혐오가 만연한 사회에서 '과도한 개인정보 공개'가 성소수자에게 미치는 영향, '사회적 거리두기'가 무료급식소 등의 폐쇄로 이어짐으로써 홈리스에게 미치는 영향, 그 외에도 신분증이 있어야 공적마스크를 구입할 수 있는 현실이 미등록 이주노동자나 난민신청자에게 미치는 영향 같은 것들 말이다. 이런 데이터가 있어야, 방역수칙을 지키기 어렵거나 방역망에서 배제된 사람이 존재하는 불평등한 사회일수록 감염병에 취약한 사회가 된다는 것을 명백히 할 수 있다. 또 동정의 시선을 넘어 연대하며 정책을 요구할 수 있는 근거를 갖게 된다.

보편적 돌봄제공자 모델

두 번째로 제안하고 싶은 것은 우리 사회의 남성 생계부양자 모델을 '보편적 돌봄제공자 모델'로 전환하는 것이다. 현재 한국사회 주류인 남성 생계부양자 모델은 남성은 직장 여성은 가정이라는 프레임 안에서 임노동자를 돌봄 수행을 하지 않아도 되는 존재로 상정했다. 이런 구조에서 임노동과 돌봄을 동시에 해내야 하는 이의 삶은 위험에 처할 수밖에 없다. 워킹맘 과로사 사건이 주기적으로 발생하는 현실은 상당수 여성이 과도한 '이중노동'으로 인해, 위태로운 사선死線 위에서 살고 있음을 방증한다.

낸시 프레이저의 보편적 돌봄제공자 모델은 생계부양노동과 돌봄노동 양쪽을 수행하는 사람을 보편으로 설정한다. 이 모델은 우리가 상정해온 시민의 상을 재규정한다. 즉 인간은 본질적으로 상호의존적인 존재이며, 삶을 유지하기 위해서는 누구나 돌봄을 필요로 한다는 것을 전제한다. 따라서 시민권의 핵심적 자격 요건에도 돌봄이 포함되고, 기존에 여성의 일로 간주되었던 돌봄노동은 성별과 상관없이 기본적인 시민의 역할로 규정된다. 이 모델은 모든 사람을 돌봄의 주체로 상정하기 때문에, 지금과 달리 모든 일자리는 생계부양과 돌봄을 동시에 할 수 있는 방식으로 창안된다. 다시 말해, 여성과 남성 혹은 어떤 성이든 간에 모두가 노동자인 동시에 돌봄제공자로서 역할을 수행할 수 있도록, 공적 영역의 시간 안에 돌봄의 시간을 자리매김시키는 것이다. 노동 시간은 돌봄을 고려해 재구성되며, 이를 둘러싼 정책과 문화 전반도 조정될 것이다. 보편적 돌봄제공자 모델은 코로나19와 이후 도래할 감염병을 원만히 겪어내기 위해 매우 적절한 모델이다. 아프지 않도록 미리 자신과 타인을 돌보고, 아프면 충분히 돌봄받으며 쉬고, 아픈 사람을 누구나 돌봐줄 수 있는 사회를 만들기 위해서는 체제가 개인의 삶을 재구축하도록 해야 한다.

보편적 돌봄제공자 모델은 흔히 생각하듯 유자녀 맞벌이 부부에게만 유용한 게 아니다. 한국의 노부모 돌봄은 비혼 여성이 많이 한다. 또한 오늘날 주된 가구 유형인 1인가구는 돌봄 취약계층으로 불리는데, 이들에게도 매우 유의미하다. 특히 1인가구는 혈연가족보다 이웃이나 동료와의 돌봄, 즉 시민적 돌봄관계가 더 중요한 역할을 할 수 있는 집단이다. 보편적 돌봄제공자 모델이 적극적으로 구축되면 1인가구를 중심으로 돌봄에 '가족애' 대신 '시민의식'을 불어넣고 실험할 수 있는 좀더 안정적인 환경이 제공된다. 물론 이는 1인가구뿐 아니라, 이른바 대안가족이나 혼인권 내지 가족구성권을 아직 갖지 못한 성소수자 커플 등에게도 마찬가지다.

이처럼 보편적 돌봄제공자 모델은 돌봄에서 젠더를 해체하는 것은 물론이고, 혈연가족에 묶여 있는 돌봄을 시장에서 사회화하는 방식으로는 완성되지 못했던 돌봄의 다층위성을 살려낸다. 질병이 다양한 정치적 필요가 펼쳐지는 장이라고 할 때, 보편적 돌봄제공자 모델은 정의롭고 안전한 돌봄이 가능하도록 만드는 체제라고 할 수 있다.

나아가, 보편적 돌봄제공자 모델은 우리 사회의 여러 문제에 해결의 실마리를 제공한다. 초고령화사회로 접어든 현실에서 지속적으로 제기되는 돌봄위기를 타개해나갈 수 있고, 세계적으로 악명 높은 한국의 노동시간을 줄이고 일과 삶의 균형이 지켜지는 일상을 만들 수 있으며, 정부가 그토록 목놓아 외치는 저출산 문제를 해소해나가는 기반이 될 수 있다. 돌봄이 적절하게 재평가되고 대우받음으로써 공공새로서 제대로 된 사회적 지위를 획득하고, 돌봄을 제공하는 자가 돌봄을 받지 못하는 모순을 해결하는 돌봄 민주주의의 실현에 기반이 됨은 말할 것도 없다. 모든 영역에서 보편적 돌봄제공자 모델은 실용적이고 능률적이며 해방적인 모델이다. 우리는 복지국가 스웨덴을 통해 이 모델의 적용을 참고할 수 있으며, 시민들의 요구로 우리의 현실과 비전에 맞게 체제를 전환해갈 수 있다.

우리에게는 포스트 코로나와 체제 전환에 대한 더 많은 논의가 필요하다. 우리는 돌봄과 노동과 삶의 방식에 대한 절박한 전환기에 있다. 코로나19와 같은 새로운 전염병과 인류가 공진화하는 길은 무엇일까. 그것은 노동을 위한 삶이 아니라 삶을 위한 노동, 젠더 부정의가 해체된 정의로운 돌봄과 쉼이 있는 삶이다. 질병권疾病權●이 보장되는, 잘 아플 수 있는 사회다.

● 질병권은 건강권을 포괄하지만 그보다 더 확장된 개념으로 창안한 것이다. 기준점을 건강이 아닌 질병으로 이동시키고, 건강 중심·정상성 중심 사회에 대한 비판을 담지한다. 더 자세한 내용은 조한진희, 『아파도 미안하지 않습니다』, 동녘, 2019 참조.

강성운

'코로나!', 아시아인의 경험:
바이러스가 드러낸
인종차별 문제

코로나19 바이러스의 대유행으로 사회 곳곳에 존재해온 인종차별 문제가 뚜렷이 드러나고 있다. 유럽과 미주, 오세아니아 등 서구사회의 아시아계 시민들은 일상에서 새로운 양상의 혐오를 경험하고 있으며, 빈곤과 인종차별의 교차 지점에 놓인 난민과 저임금 이주노동자들은 세계 각지에서 생존을 위협받고 있다. 코로나 바이러스는 어떻게 인종차별주의를 정당화하는 변명으로 쓰이고 있을까? 이는 세계 곳곳의 아시아계 시민과 다른 소수자들의 삶에 어떤 영향을 미치고 있나?

바이러스는 어떻게 인종을 갖게 되었나

2019년 11월 중국 우한에서 처음 보고된 코로나19는 중국인들의 식습관 혹은 중국 정부의 생물학무기 개발 실험으로 인해 확산되었다는 강력한 탄생 설화를 갖고 있다. 주로 야생 박쥐에게서 발견되는 이 바이러스가 실제로 어떻게 사람에게 옮겨졌는지는 여전히 명확히 밝혀지지 않았다. 그러나 두 가설은 온라인 바이럴 영상과 미-중 갈등 구도를 통해 빠르게 퍼졌고, 코로나19가 인종화되는racialized 데 결정적인 역할을 했다.

코로나19 확산 초기 한 중국 여성이 박쥐로 만든 탕을 시식하는 영상이 인터넷상에서 '바이러스처럼viral' 퍼졌다. 이 영상의 배경은 우한으로 알려졌지만, 사실 한 블로거가 2016년 태평양의 팔라우섬을 방문해 제작한 것이었다. 그러나 우한의 수산시장에서 실제로 각종 야생동물이 식재료로 판매된다는 사실이 밝혀지면서 '박쥐탕 기원설'은 대중적 설득력을 얻었다. 이미 2월부터 여러 나라의 연구 팀이 코로나바이러스가 박쥐로부터 인간에게 직접 전파되었을 가능성은 낮다고 밝혀왔지만, 대중의 뇌리에 코로나19는 박쥐를 먹는 중국인들이 초래한 재앙으로 각인되었다.

한편 이 바이러스가 중국의 생물학무기라는 주장은 미국과 중국 간의 정치적 긴장관계 속에서 생겨났다. 『워싱턴타임스』는

2020년 1월 26일 최초로 이 가설을 제기했으나, 두 달 뒤인 3월 25일 "실험실에서 인위적으로 제작되었거나 목적을 갖고 조작되었다는 증거가 없다"는 과학자들의 연구 결과를 인용하며 주장을 철회했다. 도널드 트럼프 미국 대통령은 그 전날인 3월 24일 공개 석상에서 코로나19를 '차이나 바이러스China Virus'라 칭하고, 4월 15일에는 "우한의 한 실험실에서 연구 중이던 바이러스가 유출되었다"는 폭스뉴스 보도에 조응하며 중국 책임론에 힘을 실어주었다.

코로나19를 '중국 바이러스' 혹은 '우한 바이러스'라 부르는 것은 이 바이러스를 이해하고 미래의 감염병을 예방하는 데 아무런 도움이 되지 못한다. 오히려 각 지역사회에서 과학적인 방역 대책을 수립·시행하는 일을 방해하며, 중국인을 포함한 아시아계 시민 전체에 대한 차별과 혐오를 정당화할 구실을 제공한다. 한국계 미국 배우 샌드라 오는 트럼프 대통령과 그의 행정부가 "여러 정책 및 단어 선택을 통해 명백히 인종차별주의를 고취하며, 이 바이러스를 '차이나 바이러스'라 부르면서도 그러한 외국인 혐오와 증오가 사람들로부터 무엇을 유발시키는지에 대해서는 그 어떤 책임도 지지 않는 것은 부끄러운 일"이라고 비판했다. 또 팬데믹은 하나의 인종이나 국가가 아닌 "전 지구적 위기"로서, 우리에게는 "인종차별주의에 허비할 시간도 여지도 없음"을 못 박았다. 하지만 인종화된 바이러스는 세계 곳곳에서 아시아계 시민에 대한 차별과 혐오

범죄의 구실이 되고 있다.

'중국 바이러스'가 낳은 폭력

서구사회에서 아시아계 시민은 주류 문화에 잘 동화되고 근면한 '모범적인 소수자model minority'로 간주되어왔다. 그러나 동시에 언제나 일상적이고 구조적인 인종차별 문제를 겪어오기도 했다.[•] 한국계 미국인 배우 존 조는 『LA타임스』기고문에서 "팬데믹은 우리의 소속이 조건부임을 상기시켜준다. 우리는 어떤 순간에는 미국인이지만, 다음 순간에는 바이러스를 이곳으로 '가져온' 외국인이다"라는 말로 아시아계 미국인들이 겪는 소외의 경험을 토로했다. 베트남계 독일 저널리스트 민투 트란 역시 마스크를 착용한 채 외출을 했다가 "저런 것들이 바이러스를 갖고 들어왔다"라는

[•] 인종차별주의에 대해, 생물계에는 호모사피엔스라는 하나의 종이 있을 뿐, 피부색이나 생김새에 기반한 호모사피엔스의 하위 분류는 없으며 따라서 '인종주의'라는 말은 잘못되었다는 반박이 있다. 그러나 인종 개념을 생물학적 지식에 의거해 해체함으로써 인종차별주의를 종식시킬 수 있다는 발상은 순진한 믿음에 불과하다. 인종은 사회적·역사적·문화적 구성물로서 존재하며, 이에 바탕한 차별 또한 엄연하기 때문이다. 인종은 피부색과 골격, 이목구비 등 신체적 특징을 기반으로 만들어진 범주다. 프랜시스 골턴과 같은 우생학자들은 골상학physiognomy을 기반으로 인종 구분 기준의 표준화를 시도했고, 같은 맥락에서 나치 독일은 유대인을 색출하는 기준의 하나로 외형을 적용했다. 뿐만 아니라 유럽의 지식인들은 인종에 따라 여러 특징을 기입하고, 이를 '그 인종에서 특징적으로 나타나는 생득적이며 보편적인' 공통점으로 설명해왔다. 이 과정에서 개개인의 고유한 특성은 지워지거나 '예외'로 설명되었다.

모욕을 당했다고 공개한 바 있다. 아시아계가 소수인 사회에서 다양한 아시아계 민족을 구분할 수 있는 사람은 드물며, 그럴 필요를 느끼는 사람도 적다. 코로나19가 '중국 바이러스'라 불리면 중국계는 물론 한국계·베트남계·일본계·중국계·몽골계 등 상상 가능한 모든 '아시아인'이 위험에 처하게 된다.●

　인종차별주의는 편의상 아시아 및 아시아인에 대한 편견(인식적 차원), 인식을 형성하고 확산시키는 매체의 문제(담론적 차원), 아시아계 시민에 대한 낙인찍기와 폭력(수행적 차원), 아시아계 시민에 대한 배제(제도적 차원)로 나눠볼 수 있다. 코로나19와 가장 밀접한 관련이 있는 인식 차원의 인종차별주의는 '황인종은 백인종에게 위협이 된다'는 황화론yellow peril이다. 존 조의 기고문은 코로나 사태로 인해 미국사회에서 황화론이 다시 고개를 들고 있음을 보여준다.

　독일에서는 이른바 '정통' 뉴스 매체마저 아시아인이 숙주라는 시선을 무비판적으로 확대 재생산했다. 2020년 1월 30일 의사 겸 저널리스트인 요한네스 뷤머는 공영방송 ZDF의 시사 토론에 출연해 "중국 식당에서 식사를 하고 난 뒤 코로나 바이러스에 걸렸

●　이런 점에서 홍콩 민주화 투쟁의 상징적 인물 조슈아 웡이 코로나19를 '차이나 바이러스'라 부른 것은, 동아시아의 지역적 맥락을 벗어나는 순간 아시아계에 대한 위협이 될 수 있다.

을지 두려워하며 밤잠을 못 이루는 것은 매우 타당한 일"이라고 주장했다(『쥐트도이체차이퉁』 2020년 1월 31일 자). 유력 시사주간지 『슈피겔』은 2월 1일 자 표지에 붉은색 우비와 방독면을 착용한 아시아인 남성의 사진을 싣고 노란 글씨로 '메이드 인 차이나Made in China'라는 표제를 내걸어 코로나19를 빌미로 반중 감정을 부추기고 아시아계 시민에 대한 혐오를 조장한다는 비판을 받았다. 아직 독일에서 지역사회 감염 사례가 보고되기도 전의 일이었다.• 덴마크의 일간지 『윌란스포스텐』 역시 오성홍기에 별 대신 노란색 코로나 바이러스를 그려 넣은 캐리커처를 게재해 중국대사관의 항의를 받았다(2020년 1월 27일 자).

이러한 보도에 반응하듯 아시아계 시민을 병균 취급하는 새로운 방식의 혐오 표현도 빠르게 퍼지고 있다. 길에서 아시아인이 보이면 갑자기 코와 입을 가리거나, 자리를 피하거나, "너희가 병을 옮기고 다닌다"며 모욕을 주는 행위, 소독제를 뿌리거나 뿌리겠

• 독일 언론이 코로나 관련 뉴스에 관습적으로 마스크를 쓴 아시아인의 이미지를 사용한다는 지적도 있었다. 특히 공영방송 제1채널의 간판 뉴스인 「타게스샤우Tagesschau」는 3월 말, 아디다스 등 글로벌 대기업이 매출 감소를 핑계로 매장 임대료를 내지 않기로 했다는 소식을 보도하면서 관련자도 아닌 익명의 아시아인 얼굴을 내보냈다. 방송사는 독일 내 아시아계 시청자들의 지적을 받고 온라인 뉴스의 이미지를 교체했다. 이러한 보도가 반복되자 베를린의 아시아인 인권 단체 '코리엔테이션Korientation e.V.'은 독일어권 매체의 문제 사례를 수집·공개하기 시작했다. 이 단체는 "이미지는 연상 작용을, 언어는 현실을, 단어들은 행동을 낳는다"라는 모토 아래 독일어권 언론 종사자들이 "차별을 민감하게 감지하고, 세심하게, 그리고 자기반성적으로 한 집단을 낙인찍지 않을 책임"이 있다고 주장한다.

다고 협박하는 행위, 혹은 반대로 가까이 다가와 과장된 기침을 하거나 침을 뱉는 등의 일이 비일비재하다. 폭행도 빈번하다. 1월 31일 독일 베를린에서는 열차를 기다리던 중국인 유학생이 집단 폭행을 당했다. 캐나다 몬트리올에서는 3월 15일 하루에만 두 명의 한국계 남성이 피습을 당했다. 4월 6일 뉴욕 브루클린에서는 밤에 쓰레기를 버리러 나온 아시아계 여성이 현관문 앞에서 염산 테러를 당했다. 4월 15일에는 호주 멜버른에서 싱가포르와 말레이시아 출신 유학생이 백인들로부터 폭행을 당했다.

한편 공권력은 아시아인들이 일상에서 맞닥뜨리는 혐오범죄를 경시하여 제도적 차원에서 인종차별주의를 묵인하기도 한다. 4월 25일, 한 한국인 유학생 부부가 베를린 지하철에서 자신들을 '코로나'라 부르며 모욕한 5인을 경찰에 신고했다. 가해자들은 부부를 완력으로 제압하려 했으며, 침을 뱉기도 했다. 그런데 출동한 경찰은 "코로나라고 부른 것은 인종차별이 아니다, 한국에 살다 이런 큰 도시에 왔으면 참는 법을 배워야 한다"며 사건 접수를 거부했다. 부부가 "이것을 독일 경찰의 공식 입장으로 봐도 되느냐"고 묻자 경찰들은 태도를 바꾸기 시작했다. 아내가 기지를 발휘해 한국 대사관의 조력을 받자 그제야 가해자들의 행동은 인종차별이며 신고가 가능하다고 말을 바꾸었다. 하지만 경찰은 피해자 부부에게 가해자들을 인종차별주의자라고 불러서는 안 된다는 훈계

포스트 코로나 사회

를 한 반면, 가해자 여성 두 명이 부부를 모욕죄로 신고했을 때는 이를 받아주었다.

발터 벤야민은 「폭력의 비판을 위하여Zur Kritik der Gewalt」라는 논고에서 경찰이 법을 유지하는가 하면, 새로운 법을 세우는 권력도 갖고 있다고 설명했다. 현행법을 집행하여 법을 유지하기도 하지만, 법의 사각지대에서 벌어지는 일에 뚜렷한 법적 근거 없이 개입하여 새로운 법을 자의적으로 만들기도 한다는 뜻이다. 베를린 경찰은 차별을 호소하는 피해자의 신고 접수를 거부함으로써 아시아계를 '코로나'라고 모욕해도 죄가 없다는 새로운 규칙을 만들어냈다. 동시에 가해자들의 신고를 접수하여 '인종차별주의자'가 멸칭이며, 어떤 행동이 인종차별적인지는 피해자가 아닌 피의자와 경찰이 결정하는 것이라는 암묵적 규칙도 제정했다. 이로써 피해 당사자들은 인종차별적 폭력으로부터 보호받지 못할 뿐 아니라, 무엇이 인종차별적인 행동인지에 대해 스스로 판단을 내릴 수도 없는 위치에 놓이게 된다.

여러 겹의 고립

소수자에 대한 차별금지법이 없거나, 한 사회가 아직 소수자성을 파악하지조차 못한 범주에 속하는 사람들은 먼저 자신들을 향한 혐오범죄가 존재한다는 사실 자체를 공론화해야 한다. 미국만큼 인종차별 문제에 대한 사회적 논의가 활발하지 않은 유럽에서 이러한 집단에 속한 아시아계가 겪는 문제는 더 뚜렷하게 나타난다. 프랑스와 국경을 맞대고 있는 독일의 자를란트주는 4월 말, 장을 보러 건너온 프랑스인들이 '코로나 프랑스인'이라 모욕을 당하는 일이 벌어지자 곧바로 성명서를 내고 프랑스인에 대한 인종차별을 멈출 것을 요구했다. 반면 이미 지난 1월 말부터 독일 곳곳에서 아시아계 시민들이 폭행과 폭언 문제를 호소하고 있었음에도 정부와 정치인들은 아무런 입장도 표명하지 않았다. 프랑스와의 오랜 역사적 갈등, 홀로코스트, 그리고 국가사회주의지하당NSU 테러를 겪은 독일사회는 프랑스인과 유대계, 아랍계 시민에 대한 인종차별 문제에는 관심을 기울이지만, 아시아계 시민에 대해서는 무심하다. 무엇이 인종차별인지를 정할 때 피해 당사자의 목소리를 들어야 하며, 사람은 누구나 여러 소수자 집단에 대해 '멀티태스킹 차별'을 행할 수 있다는 이야기를 끊임없이 반복해야 한다.

피해자들이 공통적으로 호소하는 것은 여러 겹의 고립감이다.

아시아계 이주자들은 여행로가 막히면서 자국의 가족과 친구 들로부터 물리적으로 단절되어 있음을 어느 때보다 더 강렬하게 체감하고 있다. 이주자가 아닌 사람들보다 훨씬 더 많은 양의 뉴스를 확인하고 두 나라의 확진자 현황을 체크하느라 피로를 호소한다. 여기에 서구권에서 나고 자란 아시아계 시민들은 고향에서 '이방인'으로 취급받는 경험을 하기도 한다. 한국계 독일인 팟캐스터 테아 서는 "사회에 융화되고, 독일 여권이 있고, 독일어를 구사하고, 독일에서 대학을 마치고 일을 한다고 해도 이 모든 것은 아무 소용이 없다. 코로나 바이러스에 관해서라면, 우리는 결국 생김새로 평가받을 뿐이다"라고 토로했다. 아시아계 시민은 공공장소에서 인종차별을 당하는데 누구도 나서서 도와주지 않을 때 더욱 고립감을 느낀다. 침묵은 가해자를 의기양양하게 만들고, 혐오범죄가 확산될 수 있는 공간을 열어준다.

한국의 방역 성공에 대한 다른 해석들

재독 철학자 한병철은 스페인 신문 『엘파이스』에 「바이러스가 초래한 위기와 내일의 세계La emergencia viral y el mundo de mañana」(2020년 3월 23일 자)라는 글을 기고했다. 그는 이 글에서 "일본·한국·중국·홍콩·대만·싱가포르와 같은 아시아 국가들은 유교라는 문화적 전통에서 비롯된 권위주의적 사고방식을 갖고 있다. 사람들은 유럽인에 비해 덜 반항적이며 더 순종적이다. 그들은 국가를 더 신뢰하기도 한다"며 유교문화를 방역 성공의 중요한 요인으로 꼽았다. 즉, 방역이 순조로운 이유가 민주적 시민의식 때문이라기보다 유교의 영향을 받은 시민들이 국가권력에 무비판적으로 순응했기 때문이라는 주장이다.

그러나 이런 설명은 아시아 지역을 과도하게 일반화할 뿐 아니라, 왜 한국과 대만이 일본이나 싱가포르와 비교해 바이러스를 더 효과적으로 통제했는지를 설명하지 못한다. 나아가 감염병 통제를 정책이 아닌 문화나 기질의 문제로 환원함으로써 지식의 순환과 정책적 협력의 가능성을 제한한다. 좀더 근본적으로, 이 주장은 서구의 시선 앞에 '동양'을 타자로 설명할 때 전통·종교·비이성 등을 참조체계로 선택하며, 이를 통해 서구를 근/현대·과학·합리성의 담지자로 재구성한다는 점에서 오리엔탈리즘의 논리를 반복한다.

한편 독일에서는 한국의 IT 기술 활용을 소개하고, 도입 여부를 논의하는 과정에서 편견으로 인해 잘못된 정보가 쉽게 사실로 둔갑하는 일도 있었다. 독일의 옌스 슈판 보건복지부 장관은 3월 이후 이른바 '코로나앱'의 개발을 추진했다. 블루투스를 이용해 누가, 언제, 어디서, 얼마나 오래, 누구와 접촉했는지를 기록하는 앱으로, 사용자가 확진 판정을 받으면 저장된 정보를 이용해 접촉자들에게 통보되는 방식이다. 통신 비밀이 엄격히 지켜지는 독일에서 이 안은 큰 비판을 받았다. 비록 데이터가 익명으로 저장되더라도 충분한 양이 쌓이면 얼마든지 신원을 특정할 수 있고, 이는 국가에 의한 사생활 감시나 다름없기 때문이다.

슈판 장관은 이 앱의 필요성을 역설하기 위해 한국에서도 비슷한 기술이 사용된다고 주장했다. 그러나 두 나라의 위치 정보 이용 방식에는 큰 차이가 있다. 한국의 보건 당국은 감염이 의심되는 사람에 한해 자가격리 앱을 설치하도록 했다. 이 앱의 핵심 기능은 하루 세 차례 원격 문진을 하고, GPS 기능을 이용해 격리 장소 이탈 여부를 감시하는 것이다. 동선 추적 역시 확진자에 한해 실시한다. 감염이 확인된 경우 통신사 기지국과 카드 사용 정보, CCTV 등 분산 저장된 개인정보를 활용해 14일간의 동선을 추적·공개하는 방식이다. 확진자는 지역 생활치료센터나 병원에 격리되며, 병상이 부족할 경우 자가 대기를 하기도 한다. 확진자가 발생한 지방자치단체는 주민들에게 재난 문자를 발송하며, 지역에 따라 확진자가 머문 가게의 상호와 시간 및 이용한 대중교통편 등을 익명화하여 홈페이지에서 공개한다. 집단 감염이 일어나지 않는 한, 시민들은 각자 확진자의 동선을 확인하고 필요할 경우 검사를 받는다. 독일 정부가 한국의 방역 성공 사례와 부정확한 정보를 지렛대로 삼아 사생활 감시 앱 도입을 시도한다고 볼 수 있는 이유다.

언론과 시민단체는 당연히 비판의 목소리를 내고 있다. 하지만 한국에서 정보가 어떻게 수집되고 어떤 제약 조건하에 이용되는지에 대한 정확한 설명은 전무하다. 논의가 한창이던 지난 4월 중순, 공영방송 WDR의 디지털기술 전문 팟캐스트 '코스모테크'에는 공영방송 ARD의 도쿄 통신원 카트린 에르트만이 출연해 "확진자는 집요한 감시를 받는다. 감시 시스템은 신용카드 등 온갖 정보와 연계되어 있다. 확진자가 어디로 갈 때마다 그 사람 주변의 휴대전화에 경고 문자가 뜬다. 링크를 누르면 확진자의 신원은 알 수 없지만 그가 지금 어디에 있는지는 알 수 있다"며 잘못된 정보를 전달했다. 진행자인 두 명의 과학기술 전문 기자는 이것이 "완벽한 감시 시스템"이며 "독일에서는 정당한 이유로 하지 않는 일"이라고 평했다. 에르트만은 "한국 사람들은 기술을 사랑하며, 독일 사람들만큼 개인정보 보호를 신경 쓰지 않는다"며 논의를 다시금 양국 간의 문화 차이 및 개인정보 보호 의식의 차원으로 환원시켰다.• 이는 "코로나 바이러스를 물리치기 위해 아시아는 사회적

• 물론 한국에서 방역에 활용되는 IT 기술 중에도 인권 침해가 우려되는 사례가 있다. 자가격리 지침 위반자에 한해 도입된 이른바 안심밴드는 감염예방법상 착용을 강제할 근

추적을, 유럽은 사회적 거리두기를 하고 있다"(『도이체벨레』 2020년 3월 27일 자)라거나 "아시아에는 디지털 감시에 대한 비판의식이 사실상 전무하다"(한병철, 앞의 기사)라는 잘못된 진단과 궤를 같이 한다. 독일 정부는 한국의 자가격리 앱보다 개인의 사생활을 훨씬 더 속속들이 파헤치는 앱을 구상하고 있지만, 현실에 존재하지 않는 한국의 충격적인 감시 시스템으로 주의를 돌린 덕분에 큰 논란 없이 앱 개발을 진행 중이다.•

　한국의 역학조사 체계에 대한 무지는 자국 문화의 우월함을 주장하는 근거가 되기도 한다. 프랑스의 비르지니 프라델이 "대만과 한국이 추적 장치를 마련한 것은 불행한 결과이며 프랑스 정부는 국민이 이런 상황을 겪지 않도록 해야 한다. 두 나라는 개인의 자유에 있어 본보기가 되는 국가가 아니라, 오히려 최악의 국가"(『레제코』, 2020년 4월 6일 자, 연합뉴스 2020년 4월 12일 자에서 재인용)라며 유포한 낭설이 단적인 사례다. 세무 전문 변호사가 아시아 국가의 역사와 역학조사 메커니즘에 대해 과연 통찰력 있는 진단을 내릴 수 있는가는 둘째로 치더라도, 시민의 이동 및 집회의 자유를 전면 제한하는 프랑스가 개인의 자유를 존중하는 나라라는

거가 없으며 검토 단계에서 인권 침해라는 지적이 있었다.
●　4월 말 해커 집단인 카오스컴퓨터클럽CCC은 코로나 앱이 개인 간 접촉 정보를 중앙 서버에 저장하는 것은 보안상 문제가 있다고 비판했고, 독일 정부는 이를 받아들여 데이터를 개인의 단말기에 저장하기로 결정했다.

발언은 궤변에 지나지 않는다. 강경화 외교부 장관이 BBC와의 인터뷰에서 한국의 방역은 "개방성과 투명성, 그리고 대중에게 충분한 정보를 제공하는 것"(「앤드루 마 쇼Andrew Marr Show」 2020년 3월 15일 자)이라는 공식 입장을 밝혔음에도 불구하고, 몇몇 유럽 국가에서 한국의 성공적 방역 사례는 아시아 국가에 대한 확증편향을 강화하는 예기치 못한 결과를 낳았다.

저임금 이주 노동자―계층과 인종의 교차로에 놓인 코로나 시대의 취약자들

4월 초엽, 중국 광저우에서 아프리카인들을 대상으로 발생한 폭행 및 공안 조사 사건들은 인종차별적 폭력이 언제든지 더 취약한 계층을 향해 분출될 수 있음을 상징적으로 보여주었다. 중국 외교부에 따르면, 4월 9일 기준 해외에서 신종 코로나가 유입된 확진 사례 총 114건 가운데 아프리카인은 16건을 차지했으며 나머지는 모두 중국인이었다고 한다. 그럼에도 불구하고 혐오 공격의 대상이 된 이들은 세네갈과 나이지리아 등에서 온 사람들이었다.

감염 예방책으로 사회적 거리두기와 자가격리가 권장되고 있지만, 이는 재택 근무가 가능하고 위생적이며 충분히 넓은 집을 가진 일부만이 누릴 수 있는 특권이다. 미국에서는 라틴계와 아프리카계 시민들이 코로나19 창궐에 특히 취약하다는 보고가 있었다. AP통신은 코로나19 사망자 통계를 분석하며 이들이 미국 인구 전체에서 차지하는 비율은 14퍼센트이나, 코로나19로 인한 사망자의 33퍼센트를 차지했다고 발표했다(AP통신, 2020년 4월 19일 자). 아프리카계 미국인의 높은 사망률은 이들의 노동 형태와 거주 조건이 감염을 막기에 부적합하며, 의료서비스에 대한 접근성 또한 다른 인구 집단에 비해 떨어질 확률이 높다는 것을 암시한다. 로버트 라이시 UC버클리 공공정책대학원 교수는 코로나 바이러스 창궐 이후 미국에 '원격 근무자' '필수 노동자' '임금 체불자' '잊힌 자' 등 네 개의 새로운 계급이 등장했으며, 이 가운데 '원격 근무자'를 제외한 나머지 세 집단은 위기를 이겨내기 위해 필요한 자원을 갖추지 못했는데, 이 세 집단의 주를 이루는 인구가 바로 라틴계와 아프리카계 노동자들이라고 설명했다(『가디언』, 2020년 4월 24일 자).

독일사회에서 이민족에 속하는 저임금 이주노동자와 난민 또한 감염병 대유행 시대의 취약자들로 '발견'되고 있다. 4월 11일, 독일 남부 바트크로칭엔의 한 농장에서 루마니아 출신의 계절노동자가 사망한 채 발견되었다. 이 남성은 독일 입국 후 감염되었지만 검사와 치료를 받지 못하다가 사후에야 코로나19 감염이 확인되었다.

독일에서는 매년 30여만 명의 계절노동자가 농업에 투입되며, 이들 중 대다수는 루마니아에서 유입된다. 올해 독일은 코로나 확산 방지를 위해 국경을 봉쇄했지만, 그럼에도 봄철 부족한 농가 일손을 보충하기 위해 4만 명의 계절노동자를 들이기로 결정한 바 있다. 일각에서는 이들 중 대다수가 고급 작물인 아스파라거스 수확에 투입된다는 사실에 분노하여 독일 헌법 제1조 제1항 "인간의 존엄성은 침해되지 아니한다"를 "아스파라거스의 존엄성은 침해되지 아니한다"라고 바꾸어 부르기도 했다. 부유한 소비자의 수요를 충족시키기 위해 목숨을 무릅쓰고 저임금 이주노동자들을 고용하는 행태를 비판하는 말이다. 이 외에도 4월 말 바이에른주에서는 하루에만 스물아홉 명, 브레멘에서 120명의 확진자가 발생하는 등 시설이 열악한 난민수용소에서 집단 감염 사태가 잇따랐다. 이 소식은 올해 여름 휴가를 갈 수 있을지를 얘기하는 백인 중심의 주류 사회 논의와 슬픈 대조를 이뤘다.

바이러스는 떠나도

만연한 인종차별 문제를 해결하기 위한 노력도 이뤄지고 있다. 익명의 아시아계 프랑스인이 시작한 해시태그 캠페인 #JeNeSuis-

PasUnVirus('나는 바이러스가 아니다')는 여러 나라의 언어로 번역되어 소셜네트워크상에서 피해 사례를 공유하고 공론화하는 데 중심적인 역할을 하고 있다. 독일에서는 앞서 말한 베를린 한인 유학생 부부 사건을 계기로 개인과 시민단체가 협력해서 정치권 및 관련 기관의 공조를 요구하는 행동을 계획했다. 아시아계 이주 2세대와 유학생의 경험을 중심으로 독일사회의 뿌리 깊은 인종차별 문제를 지적하고, 변화를 요구하는 기사도 주요 일간지에서 종종 보도된다. 집 앞에서 "소독약을 뿌려야겠다"며 위협을 당한 빅토리아 쿠레우의 사연은 『타게스슈피겔』 1면에 실리기도 했다(2020년 4월 18일 자). UX 디자이너인 쿠레우는 "인종차별주의가 마치 바이러스처럼 퍼지고 있다"며 독일에서 일어난 코로나 인종차별 사례를 수집하고, 피해자에 대한 지원을 제공하는 사이트를 개발 중이라 밝혔다. 이웃 국가 네덜란드에서도 인권단체에서 일하는 성지예가 주도적으로 코로나 인종차별을 공론화했다.

그러나 코로나 인종차별 문제의 해결은 요원하다. 존 조는 미국에 널리 퍼진 "[아시아인은] 근면하고 수학을 잘한다는 칭찬에 가까운 스테레오타입은 반아시아 정서를 덜 심각하고 가벼운 인종주의로 여기게끔 한다"라고 지적했다. 서구 제국주의의 팽창 과정에서 수탈이 벌어졌고, 현대에도 아시아계 시민이 인종차별 범죄로 목숨을 잃고 있지만 아시아인에게는 역사적으로 진 빚이 없다는 서구사회의 일반적인 인식 역시 문제 해결을 가로막고 있다. 아돌프 히틀러의 생일인 지난 4월 20일, 함부르크에서는 나치에 의해 살해된 중국인을 기리는 안내판 속 인물의 얼굴이 오물로 더럽혀졌다. 코로나바이러스를 핑계로 독일의 극우파가 아시아계를 표적으로 삼기 시작했다는 징후다. 언론의 보도는 꾸준히 이어지지만 소수자 이슈라는 이유로 대개 단발성 보도를 내는 선에서 그친다. 용기를 내 진상을 알린 피해자의 경험은 개별 사례로 취급되며, 논의는 더 이상 진행되지 않는다.

독일 정부와 기업은 지난 몇 년간 정책적으로 다양성을 추구해왔다. 그러나 인종과 젠더, 성적 지향 등을 포괄적으로 고려하는 미국에서와 달리 다양성은 성평등의 동의어로만 쓰인다. 인종차별 문제를 인식하는 데서도 한계를 보인다. 전 국민의 동조하에 600만 명의 유대인을 살해한 역사 때문에 반유대주의에 대해서는 경각심이 높지만, 유대인에게는 하지 않을 농담을 다른 인구 집단에 대해서는 여전히 한다. 혐오 발언이 인종차별적이라 지적하면 오히려 "농담도 이해 못한다" "독일에는 표현의 자유가 있다"라는 반박이 되돌아온다. 무엇이 인종차별적이고, 무엇이 농담인지 판결을 내리는 자리는 결코 당사자인 아시아계에 주어지지 않는다. 아시아계의 입장을 대표하는 정당도, 정치인도 없다. 서구사회가 상상하는 '우리' 안에 아시아계는 없다.

포스트 코로나 사회

바이러스는 떠나도 "코로나!"는 남겨둘 것인가, 농담이라는 이름으로.

정석찬

하나의 건강, 하나의 세계:
기후변화와 인수공통감염병

2019년 12월 중국 우한에서 처음 발생한 코로나바이러스감염증-19는 우리나라뿐만 아니라 이탈리아, 스페인, 영국, 프랑스, 러시아, 일본, 미국 등 전 세계로 급속히 확산되면서 인류의 큰 위협을 넘어 공포의 대상이 되고 있다. 코로나19의 근원을 밝히기 위해 과학계가 노력을 다하는 가운데, 이 신종 바이러스가 박쥐에서 천산갑을 통해 사람에게 전파됐을 가능성이 일부에서 제기되었다. 어떤 경로를 거쳐 사람에게 전염된 것인지 그 정확한 관계는 언젠가 밝혀지겠지만, 인간의 활동과 산업화로 인한 생태계 파괴와 기후위기가 영향을 미친 것으로 보는 시각이 지배적이다.

기후위기는 생태계를 변화시킨다. 지구는 인구 증가, 산업화, 도시화로 인해 온실가스 배출량이 증가하면서 19세기 후반부터 표면의 온도 상승이 관측되기 시작했다. 유엔 산하 기후변화에관한정부간협의체IPPC의 「제5차 평가보고서」(2014)에 따르면 지난 130여 년간(1880~2012) 지구의 연평균 기온은 섭씨 약 0.85도가 상승했고, 평균 해수면은 19센티미터 상승했다. 현재 추세로 온실가스가 배출될 경우 21세기 말, 2100년이면 지구의 평균기온은 약 3.7도(0.3~4.8도), 해수면은 약 63센티미터(26~82센티미터) 상승할 전망이다. 특히, 우리나라는 지난 106년간(1912~2017) 전 세계 평균 상승분의 두 배에 달하는 1.8도나 증가한 것으로 나타났다. 2018년 기상청이 발표한 「한반도 기후변화 전망 보고서」에 따르면, 21세기 말 기준으로는 1.8도에서 4.7도가량 상승할 것으로 예측된다. 이에 따라 현재로서는 남해안에 국한되어 있는 아열대기후는 점차 영역을 넓혀 확대될 전망이다.

지구온난화를 포함하는 세계적인 기후변화는 사람의 건강은 물론 동물에게도 영향을 미친다. 2007년 세계보건기구는 기후변화에 따른 감염병 발생 예측을 검토했고, 2009년 세계동물보건기구OIE에서도 '동물 전염병 발생과 축산업에 대한 기후 및 환경 변화의 영향'에 대해 논의했다. 이들 단체는 기후와 환경의 변화가 감염병 발생에 상당한 영향을 미치기 때문에 지속적인 관심이 필요하고, 국가와 지역 단위에서의 활동이 매우 중요하다고 권고한 바 있다.

새로이 확인(신종)되거나 또는 이미 알려진 질병이 다시 발생(재출현)하는 인수공통감염병zoonoses이 세계적으로 관심을 받고 있다. 최근 지구 곳곳에서 발생한 중증급성호흡기증후군SARS(2002), 인플루엔자바이러스 A(2009), 중동호흡기증후군MERS(2012), 코로나19(2019) 등이 대표적인 사례이며, 이런 인수공통감염병은 인간의 생존을 지속적으로 위협해왔다. 인간의 활동으로 인한 기후위기와 생태계 파괴가 신종 및 재출현 인수공통감염병의 발생의 근본 원인으로 지목되고 있다.

코로나19를 비롯한 여러 감염병을 경험하며 알게 되었듯이, 인수공통감염병의 유입이 우리 사회에 미치는 영향과 피해, 사회적 파장은 어마어마하다. 많은 전문가가 기후위기와 인수공통감염병이 앞으로 인류의 생존에 큰 위협이 될 것이라고 말한다. 기후위기가 야기할 인수공통감염병에 대비해 예방기술과 위기 대응 시스템을 미리 갖추어야 하는 이유다.

기후위기가 인류 건강에 미치는 영향

기후위기가 사람의 건강에 미치는 영향은 다양하고도 광범위하다. 직접적으로는 기상재해나 폭염, 해수면 상승, 극단적인 강수량

포스트 코로나 사회

변화 등 기상패턴의 변화가 있고, 이에 따라 간접적으로는 물·공기·식량 등 자원의 이용과 분배, 생태계, 농업, 주거시설 등에도 변화가 불가피하다. 이러한 직간접적인 영향은 인간에게 다양한 고통과 질병을 안기고, 심하게는 생명을 앗아가는 결과로까지 나타날 것이다.

세계보건기구는 기후변화가 인류 건강에 미치는 여러 가지 영향을 예측했다(2007). 첫째, 기온의 상승과 가뭄, 홍수 등 기상재해로 인한 식량 생산에 위협을 가져오고, 이에 따른 영양실조가 증가할 것이다. 둘째, 홍수로 인한 상하수도 시설 훼손으로 콜레라와 같은 수인성 감염병이 발생할 것이다. 셋째, 물 부족 또는 폭우 등으로 인해 오염된 물과 식품을 통해 확산되는 살모넬라, 병원성 대장균 등 식품매개 감염병이 증가할 것이다. 넷째, 도시의 폭염으로 인해 심장 및 호흡기 질환이 증가할 것이며, 기온 상승은 지표면의 오존 농도를 높이고, 꽃가루를 발생시켜 천식과 알레르기 질환을 악화할 것이다. 다섯째, 기온과 강우 패턴의 변화는 질병을 매개하는 곤충과 동물의 개체 수 및 분포에도 변화를 가져와 이들에 의한 매개 감염병을 증가시킬 것이다. 이 외에도 대기오염, 해수면 상승이나 빙하가 녹아내림으로 인한 피해 등이 예측된다.

인류의 미래를 위협하는 인수공통감염병

인수공통감염병이란 동물과 사람 사이에 직접 또는 간접적으로 전파되는 전염병 또는 감염증을 말한다. 1958년 세계보건기구·세계식량농업기구FAO 합동 전문가회의에서는 이를 "척추동물과 사람 사이에서 전파되는 성질이 있는 미생물에 의한 감염 또는 질병"으로 정의했다. 세균, 바이러스, 곰팡이, 기생충 등 다른 생물체가 인수공통감염병을 일으키는 병원체다. 또한 넓은 의미로는 특정 항생제에 죽지 않고 생존할 수 있는 항생제내성균에 의한 감염병과 식품 섭취를 통해 감염되는 식중독도 인수공통감염병으로 간주된다.

동물과 사람에게 감염되는 인수공통감염병은 이제까지 약 250종이 알려져 있다. 이 가운데서도 흑사병, 탄저병, 브루셀라병, 결핵병, 렙토스피라병, 장출혈성대장균감염증, 인플루엔자, 공수병(광견병), 일본뇌염, 후천성면역결핍증, 에볼라바이러스, 리프트밸리열, 웨스트나일열, 변종 크로이츠펠트야코프병vCJD(소해면상뇌증) 등 100여 종이 중요한 감염병으로 여겨진다.

그중 인류 역사에서 세계를 공포로 몰아넣은 대표적인 인수공통감염병은 흑사병과 흔히 스페인독감이라고도 불리는 인플루엔자바이러스 H1N1일 것이다. 1347년부터 1351년 사이에 유럽에서 유행한 흑사병은 2000만 명에 가까운 희생자를 냈다. 그 근원은 쥐벼룩이었다. 스페인독감은 1918년부터 이듬해까지 전 지구적으로 유행하며 세계 인구의 3~6퍼센트인 2500만~5000만 명의 목숨을 앗아갔다. 스페인독감은 조류에서 발생하던 인플루엔자바이러스가 돼지에게 옮겨 가 사람에게 감염된 것으로 추정된다.

많은 종류의 야생동물과 가축은 사람에게 질병을 일으키는 병원체를 가진 살아 있는 병원소living reservoir, 곧 자연 숙주다. 인수공통감염병이 동물로부터 사람에게 전염되는 경로는 다양하다. 직·간접적으로 접촉해 감염되거나, 모기나 진드기와 같은 매개체 vector를 통해 감염될 수도 있다. 동물은 그들 자신도 감염을 일으켜 피해를 입을 수 있지만, 중간 숙주가 되거나 예측하지 못한 매개체가 되어 사람에게 바이러스를 옮기고 질병을 일으키기도 한다. 예를 들면 산업화와 토지 개발로 생태계가 파괴되면서 박쥐 등 야생동물이 서식하던 자연은 농지, 목축지, 공장 부지, 거주지 등으로 탈바꿈하고 인간의 활동 영역과 가까워진다. 야생동물이 가지고 있던 니파바이러스, 헨드라바이러스는 돼지, 말 등 가축화된 동물을 통해 사람에게 전염되었다. 오리 등 조류가 가지고 있던 인플루엔자바이러스가 돼지를 매개로 사람에게 전염되어 발생한 대표적인 사례가 홍콩독감H3N2이다.

최근 사람에게서 발병하는 감염병의 60퍼센트, 신종 감염병의

75퍼센트가 동물에서 유래하는 인수공통감염병이었다. 이들 병원체는 새로운 환경변화에 적응하는 특성을 보인다. 반면 우리는 신종 감염병에 대한 면역력이 없고, 치료제나 백신도 개발되어 있지 않기 때문에 인명 피해와 경제적 손실 등 사회적 파장은 클 수밖에 없다.

신종 인수공통감염병이 출현하는 요인

원래 대부분의 병원체가 감염을 일으키는 각각의 대상 숙주host는 한정되어 있다. 즉 특정 종種에서만 증식하고 감염을 일으키는 '종 특이성'이 있다. 이것은 병원체가 숙주에 침입하여 달라붙는 세포 수용체의 구조가 숙주의 종류마다 독특한 차이를 보이기 때문에 '종간장벽'으로 나타난다. 그러나 종 간에 서로 접촉이 잦아지거나 여러 가지 환경 변화 요인에 의해서 특정 동물에게만 감염되던 병원체가 종간장벽을 뛰어넘어 사람 등 새로운 숙주 종으로 감염spillover을 일으키기도 한다. 사람과 유전적으로 거리가 먼 파충류나 조류로부터 직접 사람에게로 감염될 가능성은 낮지만, 포유류나 영장류를 거쳐 사람으로 옮겨 오는 감염은 상대적으로 빈번하게 일어날 수 있다.

전문가들은 인구 증가와 도시화, 무역 및 여행의 증가, 세계화, 경제 및 생물학적 발달, 토지의 이용 확대, 지형적 변화, 동물 분포의 변화를 감염병 발생의 증가와 확산을 야기하는 요인으로 지목한다. 또한, 모기, 진드기 등의 곤충 매개체나 야생동물의 이동과 분포 변화도 감염병 발생에 큰 영향을 미친다. 그리고 숙주 밖에서의 병원체 생존 기간과 증식 속도 변화도 중요한 요소다.

이때 기후 요소인 기온·강수량·습도는 매개곤충의 발육과 생존 기간, 병원체의 성장 속도에 영향을 미치며, 감염병 발생의 변화 요인으로 작용한다. 산림자원의 훼손, 개간과 경작 등 인간의 생태계 파괴도 야생동물과의 접점을 늘려 인수공통감염병의 유발 가능성을 높인다. 또한, 도시화로 인해 인구밀도가 높아지고 운송 수단이 발달해 인구 이동도 늘면서 이러한 감염병은 더 넓은 지역으로 빠르게 확산된다. 여기에 더해 늘어나는 해외여행객, 동식물 및 농축산 식품의 교역 증대는 야생동물, 매개체, 병원체의 이동도 증가시켜 인수공통감염병 확산의 위협 요인이 되고 있다. 앞으로 이러한 잠재적인 영향은 점차 더욱 뚜렷해질 전망이다.

기후위기와 인수공통감염병

세계적으로 기후위기에 따라 증가되거나 증가될 것으로 예측되는 감염병은 모기나 진드기 등 곤충에 의한 '매개체 감염병vector-borne disease', 물에 의한 '수인성 감염병water-borne disease', 식품에 의한 '식품매개 감염병food-borne disease(식중독)' 등으로 분류할 수 있다. 예를 들면 일본뇌염·뎅기열은 모기에 의해, 라임병·큐열은 진드기에 의해 매개된다. 콜레라·비브리오패혈증은 물에 의해 전염되고, 살모넬라증·장출혈성대장균감염증은 식품으로 전염된다. 그 밖에도 설치류에 의해 전염되는 렙토스피라병, 신증후군출혈열, 야생조류(철새)의 이동에 의해 전염되는 조류인플루엔자, 그리고 토양에 생존하고 있던 세균이 홍수로 인해 전파되는 탄저병, 보툴리즘 등도 모두 급변하는 기후와 관련이 있다.

매개체 감염병

기후 요소인 온도, 습도, 강우량 등은 매개체의 생육환경과 매우 높은 상관관계를 보이기 때문에 매개체 감염병의 발생이나 확산에 큰 영향을 미친다. 가령 기온이 상승하면 모기가 성충이 되는 비율이 증가하며, 발육 기간이 단축되어 개체 수가 증가하고 활동이 왕성해진다. 또한 상대습도가 높을수록 모기의 생존 기간도 길어진다.

이런 모기, 진드기의 서식지인 아열대지역에 주로 분포하던 매개체 감염병은 지구온난화의 영향으로 생육 범위가 확대되면서 전 세계로 급격하게 확산되고 있다. 말라리아, 뎅기열, 리프트밸리열, 웨스트나일열, 일본뇌염 등은 최초 발생지역으로부터 유럽, 미국 등으로 옮겨가며 점차 새로운 지역으로 확산되었다. 2020년 질병관리본부의 감염병 통계를 보면, 우리나라에서도 최근 모기, 진드기에 의한 매개체 감염병이 증가되고 있는 현상을 확인할 수 있다. 뎅기열 환자는 2001년 처음으로 6명 발생한 이후, 2006년 35명, 2010년 125명, 2015년 255명, 2019년에는 274명으로 매년 증가하고 있는 추세다. 털진드기 매개 감염병인 쓰쓰가무시병은 1994년 첫 환자가 발생한 이래 2001년 2637명, 2005년 6780명, 2010년 5671명, 2015년 9513명으로 매년 발생지역이 확대되고 환자 수도 증가하고 있다. 중증열성혈소판감소증SFTS도 2013년 처음으로 36명의 환자가 발생한 이후 2016년 165명, 2019년 223명으로 매년 증가 추세다. 진드기 매개 감염병인 라임병과 큐열은 최근에 발생하여 점차 확산세가 커지는 양상을 보인다.

다만 2020년 농림축산검역본부 '가축전염병 발생 통계'에 따르면, 철저한 검역과 방역으로 동물에서는 외국에서 확산 추세인 리프트밸리열, 웨스트나일병 등이 나타나지 않고 있다. 또한

2010년 이전에 산발적으로 발생하던 일본뇌염, 탄저병 등의 감염병은 철저한 가축 백신 접종으로 재출현 양상을 보이지 않았다. 그러나 진드기가 매개하는 큐열(소)의 경우는 2013년 처음 1개 농가(1두)에서 발생한 이후 2015년 2개 농가(14두), 2017년 7개 농가(28두), 2019년 12개 농가(144두)에서 발생하며 매년 증가하고 있는 추세다.

식품매개 및 수인성 감염병

식품매개 감염병인 식중독과 수인성 감염병은 병원체의 증식이 활발한 시기인 기온과 습도가 높은 계절에 발생이 증가하는 양상을 보인다.•

식중독을 일으키는 살모넬라균, 캠피로박터균, 병원성대장균은 특정 온도(약 20도) 이하에서는 증식이 억제되지만, 온도가 그 이상으로 올라가면 병원체의 증식 시간을 단축시켜 식중독을 발생시키는 요인으로 작용한다. 또한 파리, 바퀴벌레와 같은 해충은 온도에 민감하다. 개체 수가 늘고 활동도 활발해진 해충들은 우리가 먹고 마시는 식품에 접촉함으로써 병원체를 증식시켜 식중독을 더 빈번히 유발할 것이다.

• 환경부·국립환경과학원, 「한국 기후변화 평가보고서 2014」, 2014.

한편 수인성 감염병은 물의 위생 수준 및 해수 온도 상승과 긴밀한 관련이 있다. 해수 온도의 상승은 비브리오균의 증식을 높이기 때문에 비브리오패혈증의 발생을 높인다. 기온 상승과 홍수로 인해 물이 오염되면 콜레라나 세균성이질 등이 더 쉽게 발생한다.

박쥐, 설치류 등 야생동물에 의한 감염병

박쥐는 지구상에서 날 수 있도록 진화한 유일한 포유동물로 전세계에 분포하고 있다. 이미 우리에게도 익숙한 에볼라바이러스(아프리카, 1976), 헨드라바이러스(호주, 1994), 니파바이러스(말레이시아, 1999), 사스(중국, 2002), 메르스(중동, 2012) 등의 감염병은 모두 박쥐에게서 출발했다. 박쥐는 종이 매우 다양하고, 그만큼 수많은 병원체를 보유하고 있어서 신종 감염병의 원천으로 지목되고 있다.

설치류, 조류 등 야생동물의 분포와 이동 경로가 변화하면서 이들이 가지고 있던 병원체도 가축이나 사람에게 옮겨가기 쉬워졌다. 예를 들면, 조류인플루엔자는 2003년 겨울 철새에 의해 우리나라 가금 농가에서 처음 발생한 이후 2018년까지 거의 매년 발생하여 큰 피해를 주고 있다. 쥐의 배설물에 의해 전염되는 렙토스피라병은 매년 지속적으로 발생한다. 동물 백신 접종으로 현재는 수그러들었지만, 박쥐, 너구리 등 야생동물 이동에 의해 퍼지는 광견병(공수병)이 다시 확산될 우려도 있다. 아울러, 기후위기로 홍수나 가뭄 등의 기상재해 빈도가 높아지는 상황에서 토양에 장기간 생존하고 있던 아포형성 세균인 탄저나 보툴리즘이 홍수로 인해 목축지에 노출되어 가축에게 옮겨가고, 결국 사람으로 전염될 수 있다는 것도 문제다.

감염에는 국경이 없다

과거에는 감염병이 일부 지역이나 국가에 국한하여 발생하는 경향을 보였지만, 최근에는 국제 교역이 빈번해지고, 유동 인구가 급증함에 따라 특정 지역에서 유행하던 질병이 전 세계적으로 급속히 확산하는 추세다. 중국에서 발생한 코로나19가 우리나라뿐 아니라 유럽, 일본, 미국 등에서 거의 동시에 발생했다는 점은, 이제 감염병 전파에 국경이 없다는 사실을 여실히 보여준다.

특히 우리나라는 감염병이 자주 발생하는 중국 및 동남아시아 국가들과 인접해 있다는 지리적 취약점 때문에, 이들 국가로부터 감염병이 유입될 가능성이 높다. 이러한 지리적 여건과 더불어, 급증하는 국제 교류는 신종 또는 재출현 인수공통감염병의 발생 가능성을 한층 높이는 요인으로 작용한다. 게다가 우리나라는 지구상에서 기후변화의 영향을 크게 받고 있는 위치에 있다. 아직까지는 발생하지 않았지만 웨스트나일열, 치쿤구니아열, 니파바이러스, 지카바이러스, 흑사병 등도 언제든지 외국으로부터 유입되어 확산될 우려가 있다. 코로나19를 극복하더라도 변이가 쉽게 일어나는 코로나바이러스나 인플루엔자바이러스는 변종 감염병으로 틀림없이 지구상에 다시 출현할 것이다.

기후위기로 인한 피해를 최소화하고 국민의 안전과 재산을 보호하기 위해서는 근본적으로 국가 온실가스 감축목표가 차질 없이 이행되어야 한다. 기후위기와 인수공통감염병은 사람-동물-환경이 서로 밀접하게 연관되어 있음을 역설한다. 오늘날 감염병은 비행기의 속도에 비례해 전 세계로 급속히 확산된다는 점에서, 인류는 이미 국경이 없는 지구촌, 하나의 생활권에서 감염의 시대를 살아가고 있다. 따라서 신종 인수공통감염병의 대응도 사람-동물-환경이 서로 연계되어 있다는 '하나의 건강, 하나의 세계one health, one world' 개념으로 접근하는 전략이 필요하다. 하나의 건강, 하나의 세계란 사람-동물-환경을 아우르는 생태계 전반에서 국가와 국제기구, 모든 분야의 조직과 공동체가 서로 협력하는 통합 네트워크를 구축하여 공동 대응하는 것을 말한다.

조기 감시 및 경보 시스템 구축

인수공통감염병은 사람에게 감염이 일어나기에 앞서 야생동물이나 가축, 매개곤충에게서 먼저 징후가 나타나는 특성을 보인다. 따라서 매개동물의 발병을 감시하고, 인간으로의 전염을 사전에 예방·관리하는 일은 공중보건학적으로 매우 중요하다. 신종 및 재출현 인수공통감염병에 효율적으로 대응하기 위해 신속한 조기검색과 강력한 초기 통제가 가능한 감시 및 경보 시스템 구축이 중요한 이유다.

조기 감시 및 경보 시스템을 마련하기 위해서는 동물-사람-환경에 대한 지리정보시스템을 기반으로 의학·수의학·분자역학·집단생물학·IT·환경·기상·경제·사회 등 다양한 정보를 데이터베이스화해야 한다. 감염병을 통제하려면 동물과 사람에 대한 병원체 모니터링과 분석 및 예측 정보도 필요하다.

2004년 5월 세계보건기구·세계동물보건기구·세계식량농업기구 합동 인수공통감염병 전문가회의는 인수공통감염병의 출현이 세계적·지역적으로 중대한 문제로서 증가 추세를 이어갈 것으로 예측하고, 이에 대응하기 위해 지역과 국가 간, 그리고 공중보건과 수의학 분야 간의 상호협력을 강조했다. 세 기관은 각각 수집한 정보를 공동으로 활용하여 글로벌 인수공통감염병을 포함한 동물전염병조기경보시스템GLEWS을 구축해 대응하고 있다. 그런가 하면 미국을 포함한 여러 국가는 2014년 감염병 예방과 감시, 대응을 위해 국가·국제기구·비정부조직이 참여하는 국제 공조 체계로서

글로벌보건안보구상GHSA을 발족하기도 했다. 효율적인 감시와 방역에는 이처럼 네트워크를 구축해 관련 정보를 국제사회와 공유하고, 공동 대응하는 방식이 유효하다.

병원체 신속 탐지 및 예방 기술 개발

인수공통감염병은 감염 스펙트럼이 다양하고 질병별로 지역적 특성, 매개동물, 감염 경로와 예방 방법이 모두 다르기 때문에 각각의 질병 특성에 맞는 국가 차원의 맞춤형 예방기술 개발이 필요하다.

발생이 예측되는 신종 인수공통감염병에 대해 이를 신속하게 검출할 수 있는 조기 진단기술을 미리 개발하고, 병원체를 사전에 모니터링하여 감염병이 확산되기 전에 사전적으로 대응할 수 있도록 준비해야 한다. 특히, 매개체 감염병을 관리하기 위해서는 모기, 진드기 등 매개곤충의 종류, 분포, 이동 상황과 병원체 분포 등에 대한 조사도 강화해야 한다.

국내에 유입 가능성이 높은 감염병에 대한 백신 및 치료제 개발 연구와 더불어 변이가 쉽게 일어나는 코로나바이러스나 인플루엔자바이러스에 대한 치료 및 예방기술 개발도 지속적으로 수행되어야 한다. 동물과 사람에게서 원인 불명의 감염병이 발생했을 때 정확한 원인을 규명할 수 있는 정밀 진단 체계를 확립하는 일은 필수다.

전문가 육성과 인프라 구축

인수공통감염병 대응은 정보를 지속적·체계적으로 확보하고, 이를 분석하고 알려야 하는 전문 영역이다. 감염병 관리에 대한 전문적인 지식과 과학적·기술적 능력을 갖춘 인력이 절대적으로 필요한 이유가 여기에 있다. 신속한 대응을 위해 진단, 원인 조사, 역학 분석, 전파 차단 등 각 단계에서 활동하는 역학조사관 및 방역 기술 전문가를 육성하고 훈련 프로그램 개발을 강화해야 한다.

국제사회는 팬데믹 예방 차원에서 생물안전실험을 위한 인프라를 지속적으로 확충하고 있다. 정보통신기술, 유전체분석기술, 인공지능 등 과학기술을 활용한 전방위적 대응책 마련에도 박차를 가하는 중이다. 우리나라도 고위험 병원체를 다룰 수 있는 차폐연구시설과 감염병 음압격리병실을 확대 설치하고, 사물인터넷과 지리정보, 인공지능을 활용해 감염병을 조기 검색하고, 예측 모델을 구축하고, 위험을 분석하는 차세대 감염병 예방기술 개발에 집중 투자해야 한다.

신종 인수공통감염병이 발생했을 때 상황별·유형별 대응 방법에 대한 대국민 홍보와 교육도 이에 못지않게 중요하다. 대중매체와 온라인을 통해 정확한 정보를 전달하고 인포데믹의 확산을 막는 일은 감염병의 효율적인 예방 관리와 조기 종식에 필수적인 요소다.

　코로나19는 시작일 뿐인지 모른다. 기후변화와 인수공통감염병은 계속해서 인류의 생존을 위협할 것이다. 병원체는 변화된 환경에 적응하여 새로운 모습으로 나타나고, 또 나타날 것이다. 이에 대한 가장 합리적인 대응은 코로나19를 교훈 삼아 새로운 메커니즘에 의한 통합 대응 시스템을 구축하는 것이다. 사람-동물-환경은 모두 연결되어 있다는 인식하에 '하나의 건강, 하나의 세계'를 기억하며 전 세계가 모두의 건강을 위해 공동 대처해야 한다.

박한선

감염의
연대기

네가 먹을 것은 밭의 채소인즉

염제신농씨炎帝神農氏는 자신의 이름을 딴 염제신농국을 세워 농
사짓는 법을 가르쳤다. 염제란 불꽃왕이라는 뜻으로, 태양을 일컫
는다. 해가 있어야 농사를 지을 수 있으니 적절한 이름이다. 조선
시대 임금들은 봄마다 선농단에서 신농씨에게 제사를 지냈다. 신
농씨는 머리는 소, 몸은 인간의 모습을 한 반인반수다. 선농단에
서 먹은 음식이 설렁탕이라는 주장의 진위는 의심스럽지만 분명
소머리국밥은 아니었을 것이다.

신농씨의 뒤를 이어 삼황의 막내 자리는 황제헌원씨黃帝軒轅氏
가 차지했다. 그는 글자와 의학을 만들었고, 고대 중국의 의서인

『황제내경黃帝內經』에 자신의 이름을 올렸다. 그렇다면 첫째는 누구일까? 태호복희씨太皥伏羲氏, 사냥과 불을 가르친 인물이다. 사냥과 불의 발견과 농경, 글자, 의학 등 인류사의 중요한 사건은 순서대로 이어진다. 여기서 흥미로운 점은, 농경 이후 곧 의학이 시작되었다는 사실이다. 질병이 나타난 것이다.

사실 농경은 신석기 이전부터 있었다. 씨앗을 뿌리면 곡물이 자란다는 사실을 수렵채집인이 몰랐을 리 없다. 가끔은 곡물도 키우고 화전도 했다. 그러나 수렵과 채집이 훨씬 더 쉬웠다. 초기의 곡물은 낟알이 보잘것없었으므로 큰 관심을 끌지 못했다. 눈앞에 보이는 거대한 매머드를 잡으면 온 부족이 풍족하게 먹는데, 굳이 가축과 곡식을 키울 이유가 없었다.

농경이 시작된 것은 아이러니하게도 빙하기가 끝난 이후였다. 1만1700년 전 어느 해였다. 단 10년 만에 평균 기온이 섭씨 7도나 상승했다. 홀로세, 즉 현세의 시작이다. 1200년 동안의 매서운 추위가 물러갔다. 그러나 봄날도 잠시, 살림살이는 점점 팍팍해졌다. 거대동물megafauna이 멸종한 것이다. 인간의 사냥이 원인이라는 주장도 있고, 기후변화에 의한 것이라고도 한다. 아무튼 먹잇감이 없어지자 인간은 농사일에 눈을 돌리게 되었다. 예전이라면 거들떠보지도 않았을 음식이지만, 살려면 어쩔 수 없었다. 광역혁명broad spectrum revolution, BSR이다. 기나긴 낮은 수준의 식량 생산기 동안 인류는 가축을 길들이고 곡물을 개량해야 했다. 신농씨다. 이때부터 인간은 집 주변에 가축과 곡물을 키우기 시작했고, 자연스럽게 쥐와 모기, 파리가 찾아왔다. 물론 박테리아와 바이러스도 더부살이를 시작했다. 인류학자 제임스 스콧은 이를 후기 신석기 다종 생물 재정착 캠프라고 부른다. 질병이 시작되었으니, 신농씨의 뒤를 이은 황제헌원씨가 의학을 발명하는 것이 당연한 수순이다.

그렇다면 호모사피엔스 이전의 구석기 인류는 감염병에 걸리지 않았단 말인가? 결론부터 말하자면 그렇다. 역사학자 윌리엄 H. 맥닐은 이렇게 말했다. "인류의 조상이 겪어온 생물학적 진화는 체내의 기생충과 인간을 포식하는 육식동물, 인간이 포식하는 생물과 서로 균형을 이루며 진화했을 것이다……. (그러나) 오랜 세월을 통해 유지된 생물계의 자연적 균형은 문화적 진화가 일어나면서 큰 혼란에 빠질 수밖에 없었다. 새롭게 터득한 기술에 의해 인류는 자연계의 균형을 바꾸는 능력을 얻었고, 따라서 인간이 걸리는 각종 질병에도 근본적 변화가 생기기 시작했다."•

수렵채집사회에서 사냥꾼의 수가 늘어나면 사냥감이 줄어든다. 그러면 자연스럽게 사냥꾼은 도태되고, 다시 사냥감이 늘어난다.

• 윌리엄 H. 맥닐, 『전염병과 인류의 역사』, 허정 옮김, 한울, 1992.

자연스러운 균형이다. 하지만 인간은 이러한 균형을 깨버리고 말았다. 가축과 곡식을 키우며 늘어나는 인구를 억지로 감당할 수 있게 된 것이다. 물론 그 대가로 노동과 질병, 불평등을 얻었다. 인간이 최초로 농사일을 위해 길들인 동물은 바로 인간 자신이다. 「창세기」 3장 18~19절에 "땅은 가시덤불과 엉겅퀴를 내리라. 너는, 흙에서 난 몸이니 흙으로 돌아가기까지 이마에 땀을 흘려야 낟알을 얻어먹으리라"라고 하였다. 에덴동산에서 쫓겨날 무렵 아담의 처지가 그랬다.

개는 분명 인간에게 먼저 다가온 것으로 보이지만, 다른 가축은 인간이 먼저 길들였다. 사실 개는 농사일이 아니라 사냥을 돕는 가축이다. 약 3만 년 전, 인류가 사냥꾼이던 시절의 유산이다. 고양이는 나중이다. 이집트에서 길들인 것으로 추정되는데, 곡식 창고에 들끓는 쥐와 새를 처치하려는 목적이었을 것이다. 어쨌든 인간은 다른 동물과 같이 살게 되면서 감염균도 서로 나누었다. 홍역은 소의 우역에서, 천연두는 우두에서, 인플루엔자는 돼지에게서 건너왔다. 콜레라, 천연두, 홍역, 볼거리, 인플루엔자, 수두, 말라리아 등 전통적 감염병은 모두 인수공통감염병이다. 구석기 시대에는 연충 등의 기생충이 있었지만, 치명적이지는 않았다. 그러나 상황이 달라졌다.

기원전 8500년경 레반트 지역에서 시작된 토기 없는 신석기 문화 시대의 버려진 도시가 종종 발견된다. 국가에 이르지 못한 상태다. 감염병이 유행하면 모두 거처를 버리고 떠났다. 수렵채집의 기억이 아직 생생하던 시절이다. 주변 사람이 쓰러져나가는데 마을에 머무를 이유가 없었다. 도시는 만성적이고 치명적인 감염병 확산의 중심이 되었다. 가까스로 세워진 초기 도시국가는 단명했다. 파멸을 지속하며 끝없는 역병이 이어졌다.

메소포타미아의 소택지와 나일강의 삼각주에서 본격적인 농사가 시작되었다. 경작을 위해서는 물이 필요했다. 처음에는 자연적인 하천의 범람을 이용했고, 점차 직접 물길을 내기 시작했다. 그리고 관개수로에는 달팽이가 살았고, 달팽이 몸에는 주혈흡충이 살았다. 강력한 권력을 가진 국가는 거대한 수로를 팠고, 백성은 점점 이런저런 감염병에 걸려 시름시름 앓았다. 비옥한 초승달 지역에 우바이드 문화가 시작되면서 초기 국가의 여명이 밝았지만, 여전히 감염병에 취약한 상태였다.

길들여진 인간, 길들여지지 않는 병원체

확실하지는 않지만 인간 간 전염병은 기원전 3000년 무렵에는 자리를 잡은 것으로 보인다. 전염병은 주기적으로 절멸에 가까운 재앙을 가져왔지만, 그럼에도 불구하고 인구는 조금씩 증가했다. 인구밀도가 어느 수준을 넘으면 감염병은 더 잘 확산된다. 홍역을 예로 들어보자. 감염성이 대단히 높은 감염병이다. 재생산값이 20에 육박한다. 한 사람이 스무 사람에게 옮길 수 있다는 의미다. 따라서 인구가 적으면 한 번에 확 휩쓸고 지나간 후 이내 사라진다. 한번 앓으면 평생 면역이 지속되기 때문이다. 집단에서 계속 감염이 일어나려면 질병에 걸릴 '신선한' 숙주가 늘 수천 명씩 대기하고 있어야 한다. 최소 30만 명의 인구를 갖춘 도시가 아니라면 홍역은 이내 사라진다.

선조들이 '맨몸'으로 감염병을 겪어내면서 병원체의 병원성도 점점 낮아졌다. 감염균이 가진 병원성은 양날의 검이다. 병원성, 즉 독성이 너무 심하면 숙주가 죄다 죽어버린다. 숙주가 없으면 병원균도 죽는다. 반대로 숙주는 점점 저항력을 키우는 방향으로 적응한다. 그래서 병원균은 점점 독성이 약해지고 숙주, 즉 인간은 점점 저항력이 강해진다. 이른바 병원성 균형 이론이라고 한다. 병원체는 낮은 병원성을 향해 진화하고, 숙주는 면역성을 향해 진화한다는 이론이다.

매독 이야기를 해보자. 최초의 매독은 지금보다 훨씬 더 무서웠다. 매독이 시작된 때에 대해서는 논란이 많지만, 어쨌든 15세기 무렵 유럽에서 일어난 최초의 매독 대유행에 대해서는 이견이 없다. 수백 년에 걸쳐 유럽 인구의 최대 15퍼센트가 매독으로 죽었다. 크리스토퍼 콜럼버스를 비롯해, 탐험가 에르난 코르테스, 철학자 니체, 대문호 톨스토이, 마피아 두목 알 카포네 등이 모두 매독에 걸려 고생하거나 죽었다. 이반 뇌제를 비롯해 레닌, 무솔리니도 매독 환자 목록에 이름을 올렸다. 히틀러는『나의 투쟁』에서 "매독과의 투쟁은 민족의 과업이라는 사실을 모두 알아야 한다. 이는 여러 과업 중 하나가 아니다. 진보냐 멸망이냐를 결정하는 모든 문제가 바로 이 과업에 달려 있다"라고 말하기도 했다. 물론 히틀러도 매독을 앓았다.

매독이 왜 15세기 유럽에 갑자기 몰아닥친 것일까? 당시 신대륙에서 유행하던 매독이 넘어왔다는 주장도 있지만, 믿거나 말거나 수준이다. 어쨌든 매독은 신종 감염병이었다. 이탈리아는 매독을 프랑스 병이라고 했고, 프랑스에서는 나폴리 병이라고 불렀다. 매독의 참화가 얼마나 심했던지 이를 노래하는 시도 등장한다. 매독의 영어 이름 시필리스syphilis는 이탈리아의 의사이자 시인이었던 지롤라모 프라카스토로의 시에 등장하는 양치기 목동의 이름에서 유래됐다. 우리말 매독梅毒은 매화꽃 모양의 피부 궤양이 생기기 때문에 붙은 이름이다.

지금은 매독에 걸려도 쉽게 치료할 수 있다. 1929년 알렉산더 플레밍이 런던의 성모병원에서 푸른곰팡이의 항균 효과를 알아냈고, 10여 년 후 최초의 항생제 페니실린이 세상에 나왔기 때문이다. 하지만 여러분이 페니실린 주사를 맞지 않는다고 해도 분명 콜럼버스가 겪은 것보다는 증상이 약할 것이다. 병원성 균형 이론에 따른 것이다. 그럼에도 불구하고 매년 여전히 약 10만 명이 매독으로 죽고 있기는 하다.

병원체와 숙주가 공생을 향해 진화한다면 이제 걱정할 이유가 없다. 인류의 선조가 몸소 고생해준 덕분으로, 지금의 우리는 다양한 감염병을 '가볍게' 앓고 지나가면 될 일이다. 그러나 세상 일이 그리 쉽던가? 숙주에게 심각한 피해를 주면서도, 즉 독성이 심해 곧 죽음에 이르게 하는 치명적 병을 일으키면서도, 감염균을 널리 퍼뜨릴 몇 가지 진화적 전략이 있다.

우선 매개동물 의존성 감염병이다. 쥐벼룩이 옮기는 흑사병, 모기가 옮기는 뇌염, 진드기가 옮기는 쓰쓰가무시병 등이다. 그 경로는 곤충이나 동물이 단순한 전달자의 역할만 하는 경우(기계적 전파)부터 매개체의 체내에서 증식을 통해 인체 감염으로 이어지는 경우(생물학적 전파)까지 여러 종류가 있다. 기계적 전파에 의한 감염병은 장티푸스, 파라티푸스, 살모넬라증, 이질, 결핵, 흑사병, 나병이 대표적이고, 생물학적 전파에 의한 감염병으로는 뇌염, 황열병, 발진티푸스, 유행성재귀열, 뎅기열, 발진열, 사상충증, 말라리아, 아프리카수면병, 홍반열, 쓰쓰가무시병 등이 있다. 매개동물

의존성 감염병은 숙주의 건강을 심각하게 해치도록 진화할 수 있다. 감염균 입장에서는 매개곤충이 접근해도 피하지 못하도록 숙주를 기진맥진하게 하거나 아예 얼른 죽여서 매개동물에게 잡아먹히도록 하는 쪽이 더 유리할 수 있기 때문이다.

수인성 감염병도 병원성이 좀처럼 낮아지지 않는다. 물을 통해서 급속도로 전파될 수 있기 때문이다. 심각한 설사로 인해 숙주가 죽는 일이 있더라도 강물에 한번 퍼지면 대량 감염이 일어날 수 있다. 감염균은 숙주를 희생시켜서라도 대량 전파를 감행하는 전략을 진화시켰을 것이다. 콜레라나 장티푸스, 파라티푸스, 세균성이질 등이 대표적이다. 장기간 잠복하는 감염균도 문제다. '앉아서 기다리기' 전략이라고 하는데, 이동성을 상실한 숙주 내에서 무작정 버티면서 다른 숙주를 기다리는 것이다. 결핵이 바로 여기에 속한다. 숙주가 쓰러지거나 심지어 죽더라도, 병원체는 외부 환경에서 오랫동안 살아남으면서 새로운 숙주를 기다린다.

요즘은 병원 혹은 의료인 매개 감염도 문제다. 숙주가 아플수록 병원에 갈 것이고, 병원에 가야 다른 숙주에게 쉽게 전파될 수 있다. 감염병이 유행하면 병원 앞에 선별진료소를 차리는 이유다. 열이 나는 사람을 가려서 병원에 못 들어오게 한다는 것이 좀 이상해 보일지 몰라도, 병원 내에 감염병이 유행하면 정말 곤란하기 때문이다.

전염병 크로니클

다른 동물은 곧잘 길들였고, 상당수의 병원체도 점점 순해졌지만, 일부 감염균은 좀처럼 고삐를 잡을 수 없었다. 문명이 시작된 이후에도 감염병은 눈치 없이 계속 인류사회에 나타났다. 점토판에 설형문자로 기록된 길가메시 서사시에서는 네 가지 재앙의 하나로 역병을 꼽았다. 감염병에 관한 수메르인의 최초 기록이다. 황제헌원씨가 『황제내경』을 쓴 이유도 크게 다르지 않았다(물론 직접 썼을 리는 없지만). 모세가 이집트 땅을 나오던 무렵에는 "이집트 온 땅에 퍼져나가 이집트 사람과 가축은 종기가 나서 곪아터지"(「출애굽기」 9:9)기도 했다. 다윗 시절에는 "전염병을 이스라엘에 내리셨다. 그래서 (…) 7만 명이나 죽었다"(「사무엘하」 24:15). 기원전 4세기, 그리스의 히포크라테스는 의학의 아버지답게 말라리아와 결핵, 인플루엔자, 디프테리아 등의 감염병을 기술하기도 했다.

문명이 시작된 이후, 인류는 늘 제국 건설의 꿈을 품었다. 세상을 하나의 질서로 묶고 언어와 문자, 바퀴 축의 길이와 저울을 통일하는 것이다. 더 이상의 정복 전쟁이 없는 평화로운 세상이다. 로마의 황제도, 진시황도, 나폴레옹과 히틀러도 모두 비슷한 생각을 했다. 세계 제국이 밝은 미래를 보장해줄 것이라는 근거 없는 희망을 품었다. 기원전 3500년 전 최초의 세계체제, 우르크에서 시작된 오랜 믿음이다. 지배층은 교역의 규모와 지리적 한계를 끝없이 확장하려고 했다. 그러나 오래갈 수 없었다. 물자와 사람의 이동에 따라 감염균도 이동했고, 새로 만나는 감염균은 늘 매서운 주먹을 휘둘렀다.

인류가 국가다운 국가를 만든 것은 불과 5000여 년 전이다. 가장 최초의 국가부터 따져도 그렇다. 불과 수백 년 전만 해도 세계 인구의 4분의 3은 사실상 국가의 통제를 거의 받지 않고 살았다. 아직 야성이 남아 있었다. 곡물을 주로 재배하는 유럽과 동아시아의 일부 지역은 높은 수준의 중층화된 국가를 세웠지만, 그 밖의 지역에서는 미약한 국가가 간신히 세워졌다가 없어지기를 반복했다. 가축이 축사를 고향으로 생각하듯, 인간이 자신의 정체성을 국가에 투사한 것은 비교적 최근의 일이다. 미약한 국가라도 필경사를 고용할 수 있었으므로 역사는 왕과 왕실, 국가의 이야기로 가득하지만, 대부분의 인류는 성안에서 벌어지는 일과 상관없이 살았다. 필경사는 감염병에 대한 기록을 별로 남기지 않았는데, 필경 도망치거나 병들어 죽었을 것이다.

외적의 침입이나 내부의 혁명이 국가 붕괴의 원인이라지만, 아마 그 기저에는 기아와 역병이 단초로 깔려 있었을 것이다. 거대한 상징적 건축물, 복잡한 법과 제도를 보면 문명은 영원할 것만 같다. 그러나 눈에 보이지도 않는 병원균은 수없이 많은 도시와 국가, 그리고 문명 자체를 원점으로 돌려놓곤 했다. 거대한 제국일수록 명이 짧은 법이다.

역사가 투키디데스에 의하면 기원전 430년 펠로폰네소스 전쟁 초반 아테네에 엄청난 역병이 유행했다. 약 10만 명이 목숨을 잃었는데, 지도자 페리클레스도 죽었다. 수년 동안 두 번이나 더 유행했다. 가장 큰 이유는 인구 집중이다. 스파르타의 공격을 막기 위해 농촌 주민을 성안으로 이주시켰는데, 덕분에 전염병이 창궐하기 좋은 조건이 된 것이다. 병에 걸린 사람들은 죽어나갔고, 아무렇게나 집단 매장되었다. 시민은 신앙심을 잃고 하루하루 향락에 빠져 지냈다. 엄청난 공포와 불안에 압도된 사람들은 도리어 일시적인 쾌락에 빠졌다. 국력이 소모된 아테네는 결국 스파르타에 패배했다. 역사상 최초의 팬데믹으로 불리는 사건이다. 물론 그 이전에도 많았겠지만, 투키디데스처럼 기록을 남겨줄 사람이 없었을 것이다. 사실 투키디데스도 아테네 역병에 걸렸지만, 겨우 살아났다.

로마 시절부터는 기록이 많다. 기원전 387년부터 최소 열한 번의 전염병이 유행했다. 서기 165년, 당시 황제 중 한 명의 이름을 딴, 이른바 안토니우스역병이 발생했다. 이것도 그 시절 로마에 살던 그리스 의사인 클라우디오스 갈레노스가 기술한 덕분에 잘 알려졌다. 흑해 동남쪽 지역, 현재 아르메니아가 있는 파르티아에 로

미군이 원정을 간 것이 문제였다. 로마제국 전역에서 감염병이 유행하고, 대략 500만 명이 죽었다. 의사 갈레노스도 환자를 뒤로하고 역병을 피해 도망쳤다. 그 덕분에 자세한 기록이 남게 되었는지도 모르지만 말이다.

서로마제국이 멸망하고 비잔틴제국이 뒤를 이은 후, 서기 541년 또 다른 엄청난 역병이 제국을 덮쳤다. 역사상 가장 심각한 감염병으로 꼽히는 이 병으로, 절정기에는 콘스탄티노플에서만 매일 5000명이 죽었다. 최대 1억 명이 사망한 것으로 추정되는데, 당시 유럽 인구의 거의 절반이다. 이로 인해 고토 수복을 노리던 유스티니아누스의 꿈은 실패로 돌아갔다. 이때를 제1차 팬데믹이라고 한다.

유스티니아누스역병의 원인은 페스트균이었다. 이후 여러 변종 페스트가 주기적으로 인류사회를 덮쳤다. 유라시아 대륙 전체를 덮친 14세기경의 흑사병으로 인해 유럽인 세 명 중 한 명이 죽었다. 중국과 몽골 등에서는 기록조차 없이 숱한 사람이 죽었다. 제2차 팬데믹이다. 흑사병은 이후에도 잊을 만하면 다시 나타났고, 지금까지도 국지적으로 유행하고 있다.

19세기에는 제3차 팬데믹으로 불리는 아시아콜레라가 유행해 수천만 명이 죽었고, 조선에서도 무려 13만 명(서울에서만!)이 사망했다. 이후에도 호열자虎列刺는 유행을 반복했다. 20세기 초반 스페인독감, 1968년의 홍콩독감, 2009년 신종플루를 거쳐 2019년 코로나바이러스감염증-19가 도래했다. 인류의 숨 가쁜 전염병 연대기다.

현재의 이야기

도시와 국가, 그리고 제국을 확장하려는 인류의 꿈은 감염균이라는 불의의 적을 만나 종종 좌절되곤 했다. 인구가 밀집한 거대 도시, 먼 지역 간의 물자 교역, 잦은 여행과 원거리 원정, 새로운 거주지의 확장은 신종 감염균이 생겨나고, 크게 유행하기에 최적의 조건이기 때문이다. 그리고 지금의 인류는 역사상 가장 거대한 규모의 '제국'을 건설했다. 지구 전체가 하나의 도시나 다름없다. 강력한 백신과 항생제, 보건의료의 향상과 위생의 개선에도 불구하고 제2차 세계대전 이후 세 번의 팬데믹이 발생했다. 코로나19가 언제 종식될지, 과연 종식이 가능할지 아무도 모른다. 그러나 설령 종식된다 해도 안심할 수 없다. 유스티니아누스역병은 무려 200년을 끌었다. 게다가 1975년 이후 50개가 넘는 신종 감염병이 발생했다.

　인류의 역사는 감염병의 역사다. 그러나 인류가 감염병에 시달리지 않았던 시기가 없었던 것은 아니다. 언제일까? 문명이 들어서기 전, 수렵채집을 하던 때다. 물론 주먹도끼를 들고 구석기 시대로 돌아갈 수는 없다. 하지만 지긋지긋한 감염병 연대기의 마지막 장을 끝내려면, 아주 오래된 선조의 경험으로 눈을 돌려야 한다. 최후의 빙하기 이전의 인류사다. 그 당시 인류의 건강과 질병에 대해서는, 감염병이 적었다는 것은 짐작하지만, 별로 알려진 바가 없다. 하지만 몇몇 진화인류학자와 진화의학자가 그 먼 과거로 눈을 돌리고 있다. 건강한 미래를 위한 답을 찾으려면 인류의 오랜 기억을 더듬어야 한다.

머리글

알랭 바디우, 『윤리학』, 이종영 옮김, 동문선, 2001.

시민건강연구소, 「인권 중심의 위기대응: 시민, 2015 메르스 유행을 말하다」, 2016, http://health.re.kr/?p=2751.

천명선·양일석, 「1918년 한국 내 인플루엔자 유행의 양상과 연구 현황: 스코필드 박사의 논문을 중심으로」, 『의사학』 제16권 제2호, 2007, 177~191쪽.

천병철, 「신종 감염병의 이해와 대비·대응 방안」, 『HIRA 정책동향』, 제9권 제5호, 2015, 38~49쪽.

Dzingirai, Vupenyu, Salome Bukachi, Melissa Leach, Lindiwe Mangwanya, Ian Scoones, and Annie Wilkinson, "Structural drivers of vulnerability to zoonotic disease in Africa", *Philosophical Transactions of the Royal Society of London, Series B, Biological Sciences* 372(1725):20160169, 2017.

Meinhof, Marius, "Othering the virus", *Discover Society*, 21 Mar 2020, https://discoversociety.org/2020/03/21/othering-the-virus/.

'사회적인 것'으로서 코로나: 과학과 정치 사이에서

강현석·박채영, 「'묻지마' 폐쇄·휴업·격리…… 일관된 기준이 없다」, 『경향신문』, 2020년 2월 10일 자.

낸시 프레이저, 『지구화 시대의 정의』, 김원식 옮김, 그린비, 2010.

사도 요시유키, 『신자유주의와 권력』, 김상운 옮김, 후마니타스, 2014.

에릭 올린 라이트, 『리얼 유토피아』, 권화현 옮김, 들녘, 2012.

Babic, Milan, "Let's talk about the interregnum: Gramsci and the crisis of the liberal world order", *International Affairs*, doi: 10.1093/ia/iiz254, 2020.

Davies, William, *The Limits of Neoliberalism*, SAGE, 2014.

Deslandes, A., V. Berti, Y. Tandjaoui-Lambotte, Chakib Alloui, E. Carbonnelle, J. R. Zahar, S. Brichler, and Yves Cohen, "SARS-CoV-2 was already spreading in France in late December 2019", *International Journal of Antimicrobial Agents*, doi: 10.1016/j.ijantimicag.2020.106006, 2020.

Dzingirai, Vupenyu, Salome Bukachi, Melissa Leach, Lindiwe Mangwanya, Ian Scoones, and Annie Wilkinson, "Structural drivers of vulnerability to zoonotic disease in Africa" *Philosophical Transactions of the Royal Society of London. Series B, Biological Sciences* 372(1725):20160169, 2017.

Hutton, Will, "Only fundamental social change can defeat the anxiety epidemic", *The Guardian*, 8 May 2016.

Mckinlay, Alan, "Foucault, plague, Defoe", *Culture and Organization* 15(2):167-184, 2009.

Olivero, Jesús, John E. Fa, Raimundo Real, Ana L. Márquez, Miguel A. Farfán, J. Mario Vargas, David Gaveau, Mohammad A. Salim, Douglas Park, Jamison Suter, Shona King, Siv Aina Leendertz, Douglas Sheil, and Robert Nasi, "Recent loss of closed forests is associated with Ebola virus disease outbreaks", *Scientific Reports* 7(1):14291, 2017.

Taylor, Louise H., Sophia M. Latham, and Mark E. J. Woolhouse, "Risk factors for human disease emergence", *Philosophical Transactions of the Royal Society of London, Series B, Biological Sciences* 356(1411):983-989, 2001.

Wallace, Robert G., and Rodrick Wallace, *Neoliberal Ebola*, Springer International Publishing, 2016.

Yamada, Seiji, "Neoliberalism and the coronavirus", https://www.counterpunch.org/2020/02/07/neoliberalism-and-the-coronavirus/, 2020년 2월 8일 접속.

불평등한 세계에서 팬데믹을 응시하다

건강과대안·보건의료단체연합·공공운수노조 의료연대본부, 「코로나19와 싸우는 의료현장에서 듣는다」 토론회 자료집, 2020년 5월 8일.

국가인권위원회·한국기자협회, 인권보도준칙, 2011년 9월 22일 제정.

김종훈, 「입사 한 달도 안 된 쿠팡맨의 죽음⋯⋯ "1년 미만 퇴사자 96퍼센트"」, 오마이뉴스, 2020년 3월 18일 자.

나오미 클라인, 『쇼크 독트린』, 김소희 옮김, 살림Biz, 2008.

이효상, 「'언택트'시대의 과부하…… 또 스러진 택배기사」, 『경향신문』, 2020년 5월 6일 자.

조영래, 『전태일 평전』, 돌베게, 1983.

중앙사고수습본부·중앙재난안전대책본부, 코로나바이러스감염증-19 국내 발생 현황, 2020년 5월 19일 0시 기준.

진보네트워크센터, 「서울시 성동구청 인공지능 얼굴인식 체온 카메라 설치에 대한 공개민원 및 질의」, 2020년 5월 15일 자.

최규진, 「코로나19 인권대응 시민사회 기자회견 발언록」, 전국 인권시민단체, 2020년 5월 14일 발표.

케이트 에번스, 폴 불, 『레드 로자』, 박경선 옮김, 장석준 해제, 산처럼, 2016.

Bayham J, Fenichel EP, Impact of school closures for COVID-19 on the US health-care workforce and net mortality: a modelling study, *The Lancet Public Health* Vol 5 Issue 5, E271-E278, 1 May 2020.

Bodenstein M, Corsetti G. Guerrieri L, Social Distancing and Supply Disruptions in a Pandemic, *Finance and Economics Discussion Series* 2020-031, Washington: Board of Governors of the Federal Reserve System, 16 April 2020.

감염의 연대기

박한선, 「인류와 질병: 공생 혹은 공멸…… 감염균의 진화」, 동아사이언스, 2020년 2월 1일 자.

─────, 「인류와 질병: 불과 철 같은 감염성 질환과 인간의 공진화」, 동아사이언스, 2020년 3월 15일 자.

윌리엄 H. 맥닐, 『전염병과 인류의 역사』, 허정 옮김, 한울, 1992.

제임스 스콧, 『농경의 배신』, 전경훈 옮김, 책과함께, 2019.

폴 이왈드, 『전염성 질병의 진화』, 이성호 옮김, 아카넷, 2014.

Inhorn MC, Brown PJ, The anthropology of infectious disease, *Annual Review of Anthropology* 1990; 19:89-117.

Stephen C. Stearns and Jacob C. Koella, *Evolution in Health and Disease* (2nd Edition), Oxford University Press, 2008.

Wenda R. Trevathan ed., *Evolutionary Medicine*, Oxford University Press, 1999.

Wolfe ND, Dunavan CP, Diamond J, Origins of major human infectious diseases, *Nature* 2007, 447:279-283.

김수련

신촌세브란스병원 CAICU(암병원 중환자실) 5년 차 간호사. 행동하는 간호사회 소속이다. 이번 코로나19 사태 때 대구의 한 병원 중환자실에 파견되어 근무했다.

김동은

계명대학교 동산병원 이비인후과 교수. 대구·경북 인도주의실천의사협의회 소속이다. 본업인 이비인후과 진료를 이어가면서 대구동산병원과 달서구 선별진료소 등에서 코로나19 봉사 활동에 참여했다. 지은 책으로 『당신이 나의 백신입니다』가 있고, 『의사가 말하는 의사 Episode 2』를 공저했다.

박철현

1976년 2월생. 중앙대학교 영화학과를 졸업한 후 2001년 일본으로 건너갔다. 저널리스트를 비롯해 무척 다양한 직업을 경험했다. 2020년 현재는 인테리어 업체 대표로 일하고 있다. 페이스북에서 '노가다 뛰는 칼럼니스트'로 이름을 알리며, 『경향신문』 지면에서 「박철현의 일기일회」를 연재했다. 아내 미와코와의 결혼 과정을 그린 『일본 여친에게 프러포즈 받다』, 네 아이의 육아 과정을 담담하게 적어나간 『어른은 어떻게 돼?』, 힘겹지만 행복한 삶과 일의 경험담을 그린 『이렇게 살아도 돼』 등의 에세이를 거쳐, 『화이트리스트』로 소설가로도 데뷔했다.

김민아

대학에서 철학을, 대학원에서 상담과 사회복지학을 전공했다. 부대끼면서도 타인의 이야기를 듣고, 풀고, 쓰는 일을 좋아한다.『우리는 서로의 이름을 부르며 자신의 안부를 물었다』(공저) 『아픈 몸, 더 아픈 차별』『엄마, 없다』『인권은 대학 가서 누리라고요?』등의 책을 썼고, 영화 「4등」의 각본을 썼다.

심민영

이화여자대학교 의과대학을 졸업하고 서울대학교 대학원에서 의학박사 학위를 취득했다. 서울대학교병원에서 외상후스트레스장애PTSD와 뇌영상학 분야의 임상강사를 지냈고, 밴더빌트대학병원 연수를 거쳐 현재 국립정신건강센터에 근무하고 있다. 2013년부터 국립정신건강센터에서 재난정신건강부서를 총괄하며, 경기도 안산시 통합재난심리지원단 유가족지원팀장, 메르스 심리지원단장, 가습기살균제 피해자 정신건강지원단장, 강원산불 통합심리지원단장, 헝가리 유람선 침몰사고 통합심리지원단장, 코로나19 통합심리지원단장을 역임했다. PTSD 치료기법인 지속노출치료와 안구운동민감소실및재처리요법EMDR 공인 치료자로, 재난정신건강위원회, 한국트라우마스트레스학회, 대한스트레스학회, 대한정서인지행동의학회, 대한불안의학회 이사를 맡고 있다. 재난심리지원과 트라우마의 병태생리와 치료 효과에 대한 다수의 논문을 발표했으며,『재난과 정신건강』『행동의학』『근거기반 심리치료의 이해와 실제』집필에 참여했다.

김창엽

의학과 보건정책을 공부하고 현재 서울대학교 보건대학원 교수로 재직 중이다. 민간독립 연구소인 (사)시민건강연구소의 이사장과 소장을 맡고 있기도 하다. 건강보장, 건강권, 건강 불평등과 건강정의, 보건의료개혁 등이 주요 연구 분야이며, 최근에는 '비판건강정책'에 관심을 두고 가능성을 모색하는 중이다. 펴낸 책으로『건강의 공공성과 공공보건의료』『건강할 권리』『건강보장의 이론』을 비롯해『한국의 건강 불평등』(편저),『불평등 한국, 복지국가를 꿈꾸다』(공저),『무상의료란 무엇인가』(공저) 등이 있다.

우석균

인도주의실천의사협의회 공동대표이자 연구공동체 건강과대안 부대표로 있다. 가정의학과 의사로 공중보건학과 정치경제학을 공부했다.『의료붕괴』『거꾸로 생각해 봐!』『인권, 의료를 만나다』『10대와 통하는 탈핵 이야기』등을 공저했고,『자본주의의 병적 징후들』을 함께 옮겼다.

백소영

이화여대 기독교학과(학사, 석사)와 미국 보스턴대학 신학대학(박사)에서 기독교사회윤리학을 전공했다. 이화여대 HK연구교수, 초빙교수를 역임했으며 현재 강남대학교 기독교학과 초빙교수로 재직 중이다. 교회공동체, (후기)근현대성, 젠더라는 세 가지 학문 키워드가 중첩되는 자리에 관심을 가지고 연구와 강의를 하고 있다. 지은 책으로『우리의 사랑이 의롭기 위하여』『세상을 욕망하는 경건한 신자들』『엄마 되기, 힐링과 킬링 사이』『페미니즘과 기독교의 맥락들』등이 있다.

조한진희

여성, 평화, 장애 관련 운동을 넘나들며 활동하는 탈식민페미니스트다. 팔레스타인 현장 연대 활동 과정에서 건강이 손상된 이후 질병을 둘러싼 문제에 관심을 갖게 됐다. 몸이 아프기 전에는「RTV 시사다큐: 나는 장애인이다」를 시작으로 몇 편의 다큐멘터리를 연출했고, 책『라피끄: 팔레스타인과 나』(공저)를 썼다. 아픈 뒤에는 투병 경험을 토대로 질병에 사회정치적으로 접근한『아파도 미안하지 않습니다』를 썼다.

강성운

독일 본대학 한국학과 연구원. 서울대학교 독어독문학과 졸업 후 본대학에서 토마스 만 소설『파우스트 박사』와 전후 독일의 죄 담론에 대한 논문으로 석사학위를 받았다. 현재 쾰른대학교 매체문화학과에서 20세기 초 서울 극장가의 여성 관객 담론을 주제로 박사논문을 쓰고 있다.『시사저널』독일 통신원으로 글을 썼으며(2013~2019) 독일어 팟캐스트「빈 이히 쥐스자우어Bin ich süßsauer?」를 만들고 있다.

정석찬

가축위생방역지원본부 본부장. 경북대학교 수의과대학에서 수의학을 공부한 후 동 대학원에서 동물 살모넬라 감염증 연구로 석사학위를, 동물 렙토스피라병으로 박사학위를 취득했고, 이후 캐나다 동물질병연구소에서 박사후 과정을 거쳤다. 1986년 농촌진흥청 가축위생연구소 세균과 연구사로 본격적인 활동을 시작했다. 국립수의과학검역원, 농림축산검역본부를 거쳐 현재 가축위생방역지원본부에서 관련 업무를 총괄하고 있다. 대한수의학회 부회장, 한국수의공중보건학회 부회장을 지냈고, 대한인수공통전염병학회 부회장으로 있다. 동물 세균성 질병, 조류 질병의 진단 및 예방 등을 연구했고 세계동물보건기구OIE에서 브루셀라병 전문가로 활동했다. 함께 지은 책으로『의학미생물학』『천연물질을 이용한 동물질병의 예방 및 치료』『축산식품위생안전학』등이 있다.

박한선

신경인류학자, 정신과 전문의. 경희대학교에서 의학을 전공하고 동 대학원에서 석사학위를 받았다. 호주국립대학교ANU 인문사회대CASS에서 석사학위를, 서울대학교 대학원에서 인류학 박사학위를 취득했다. 서울대학교병원 신경정신과 전임의, 의생명연구원 연구원, 성안드레아병원 정신과장, 동화약품 개발기획실 이사 등을 지냈다. 현재 서울대학교 인류학과 강사로 지내며 '진화와 인간 사회' '인류 진화와 질병' 제하의 강좌를 가르치고, 인류 정신의 진화에 관해 연구하고 있다. 한국자살예방협회 기획위원장, 한국트라우마스트레스학회 이사, 대한사회정신의학회 이사, 대한정신인지행동의학회 이사 등을 맡고 있다. 지은 책으로『정신과 사용설명서』(공저),『재난과 정신건강』(공저),『내가 우울한 건 오스트랄로피테쿠스 때문이야』『마음으로부터 일곱 발자국』『인간행동』(공저) 등이 있고, 옮긴 책으로『행복의 역습』(공역),『여성의 진화』『진화와 인간 행동』『감염병의 인류학』(근간) 등이 있다.

포스트 코로나 사회
팬데믹의 경험과 달라진 세계

1판 1쇄 2020년 5월 29일
1판 5쇄 2022년 5월 11일

지은이 김수련 김동은 박철현 김민아 심민영 김창엽
     우석균 백소영 조한진희 강성운 정석찬 박한선
펴낸이 강성민
편집장 이은혜
책임편집 박은아
마케팅 정민호 이숙재 김도윤 한민아 정진아 이가을 우상욱 정유선
브랜딩 함유지 함근아 김희숙 정승민
제작 강신은 김동욱 임현식

펴낸곳 ㈜글항아리 | 출판등록 2009년 1월 19일 제406-2009-000002호
주소 10881 경기도 파주시 회동길 210
전자우편 bookpot@hanmail.net
전화번호 031-955-2663(편집부) 031-955-2696(마케팅)
팩스 031-955-2557

ISBN 978-89-6735-786-3 03300

geulhangari.com